이주민과 함께 살아가기

NGO의 정책제언

이주민과 함께 살아가기 – NGO의 정책 제언

첫판 1쇄 펴낸날 2007년 6월 2일
3쇄 펴낸날 2010년 1월 22일

지은이 이주노동자와 연대하는 전일본 네트워크
옮긴이 이주와인권연구소 이혜진 · 이한숙
펴낸이 강수걸
펴낸곳 산지니
등록 2005년 2월 7일 제14-49호
주소 부산광역시 연제구 거제1동 1493-2 효정빌딩 601호
전화 051-504-7070 | **팩스** 051-507-7543
sanzini@sanzinibook.com
www.sanzinibook.com

ISBN 978-89-92235-17-4 03330

값 13,800원

이주민과
NGO의 정책제언

함께
살아가기

이주노동자와 연대하는 전일본 네트워크 지음
이주와인권연구소 이혜진·이한숙 옮김

산지니

이 도서의 국립중앙도서관 출판시도서목록(CIP)은
e-CIP 홈페이지(http://www.nl.go.kr/cip.php)에서
이용하실 수 있습니다.(CIP 제어번호 : CIP 2007001469)

　　이주노동자와 연대하는 전일본 네트워크(이주련)는 1997년 결성
되어 올해로 10주년을 맞이합니다. 10주년을 맞는 해에 『이주민과 함
께 살아가기 - NGO의 정책 제언』(원제 『외국국적 주민과의 공생을 향
하여 - NGO의 정책제언』) 한국어판이 출판되는 것을 대단히 기쁘게
생각합니다.

　　일본의 이주노동자와 그 가족들을 위한 인권 지원의 역사는 1980년
대 후반에 시작되어 벌써 20년이 넘었지만, 유감스럽게도 일본에 살고
있는 외국국적자의 상황이 나아지고 있다고 보기는 힘들다는 점을 인
정하지 않을 수 없습니다. 이 점에서는 지원활동이 일본보다 늦게 시
작된 한국이 훨씬 앞선 상태이고, 외국국적 주민의 권리에 대한 중요
한 몇 가지 사항이 개선된 것에 대해 깊은 경의를 표하고 싶습니다.

　　일본정부의 외국인정책의 근저에는 20세기 초 이후의 식민지주의
와 아시아인에 대한 차별, 배제가 깔려 있습니다. 이것은 2차 세계대
전에서 일본이 패전했음에도 불구하고 지금까지 이어져오고 있습니
다. 전후에도 일본에 계속 살 수밖에 없었던 재일외국인(한국·조선
인, 중국인)은 이로 인해 줄곧 고통을 겪어왔습니다. 구태의연한 외국

인정책과 그것을 지탱하는 법제도가 유지되는 가운데 1980년대부터 뉴커머(New Comer) 외국인이 급증하기 시작했습니다. 현재는 일본의 외국국적 인구가 200만 명을 넘어섰고, 그 중 약 3/4이 뉴커머 외국인입니다. 그런데도 일본정부는 여전히 외국국적자를 '감시, 관리, 단속'의 대상으로만 보고 있고, 일본사회를 구성하는 파트너로는 생각하지 않고 있습니다.

우리들, 이주련에 결집한 각 단체와 개인들은 일본 각지에서 일본 정부와 사회의 배외성이라는 높은 장벽에 맞서 싸우고 있습니다. 외국국적 친구들이 당하고 있는 인권침해와 차별의 현실을 조금이나마 나누어 짊어지고, 상황을 타개하기 위해 노력해왔습니다. 아직 갈 길은 멀고 험난하지만 지속적인 투쟁을 통해 정부에 대한 정책 제언 능력을 길러내어 일본 정부가 실현해야 할 대안적인 정책을 제시할 수 있게 되었습니다. 그 성과로 2002년 이주련의 총력을 모아 『다민족·다문화 공생사회를 향하여 - 포괄적 외국인정책의 제언』을 정리하였습니다(한국어판, 민중사, 2002년). 이를 일본사회에 더 널리 전할 목적으로, 일반 독자를 겨냥하여 재정리하면서 최신정보를 대폭 추가하여 이번에 이 책을 출간하게 되었습니다.

여기에 제시되어 있는 제언은 탁상공론과 이념이 아니라 외국국적 친구들의 고통을 나누기 위한 현장투쟁에 기반하여 미래의 일본사회 모습을 그려낸 것입니다. 이것은 단순한 이상이나 '그림의 떡'이 아니라 일본이 아시아의 친구들과 신뢰관계 하에서 서로 도우며 함께 살아가기 위해 다른 선택은 없다고 생각되는 '공존에의 선택'을 제안한 것입니다.

우리들은, 이후 이를 운동의 지침 내지 목표로 삼아 일본사회를 변화시켜가기 위해 노력하고, 이 제언이 실현될 수 있도록 활동을 계속해 나갈 것입니다.

한국 독자 여러분들의 솔직한 비판과 조언을 부탁 드립니다. 한국어판 간행을 통해 상호 간의 교류와 이해, 한일 양국 사이에 운동의 연대가 더욱 깊어져 더 힘있는 투쟁을 전개할 수 있었으면 하는 마음 간절합니다.

이주노동자와 연대하는 전일본 네트워크 공동대표

와타나베 히데토시(渡辺英俊)

한국에서 이주정책이 거론될 때는 어김없이 일본의 사례가 등장하곤 한다. 그것은 일본과 한국사회의 이주문제의 성격이 많은 측면에서 유사할 뿐 아니라, 한국의 이주노동정책이 많은 부분 일본의 정책을 답습하거나 모방한 것이기 때문인 듯하다.

한국의 산업연수생과 기능실습생 제도는 일본의 연수기능실습 제도를 흉내낸 것이고, 일본의 남미일계인 문제는 우리의 재외동포 문제와 맞닿아 있다. 두 나라 모두에서 최근 국제결혼이 급증하고 있다.

그러나 한국사회에서 주로 '이주노동자'의 문제로만 생각되던 '외국인' 문제가 2000년 이후 국제결혼이 급증하면서 이제 막 '이주민'의 문제로 확대되기 시작한 반면, 일본사회에서 '이주민'의 문제가 사회 전면에 등장하기 시작한 시기는 한국에 비해 10년 정도(1990년 개정 출입국관리와 난민인정법 시행 이후) 앞서 있다.

한국과 일본의 상황이 비슷한 만큼 일본의 시행착오는 바로 우리의 현재 혹은 미래의 경험이기도 하다. 하지만 의외로 일본의 현실은 우리에게 제대로 알려져 있지 않은 듯하다. 산업연수제도, 남미일계인과 관련된 현실은 미화되는 경우가 많고, 일본의 미등록노동자 중 한국인이 높은 비율을 차지해왔음에도 불구하고 수치상의 통계 이상 미등록 노동자가 처해 있는 현실에 대해서는 알려진 바가 별로 없다.

이 책은 이주노동자, 국제결혼이민자, 난민 등 이주민 지원활동을 하고 있는 일본 NGO의 전국 네트워크인 '이주노동자와 연대하는 전일본 네트워크'가 그간의 현장활동 경험을 바탕으로 노동, 이주여성, 가족과 어린이의 권리, 교육, 의료와 사회보장, 지역자치, 난민, 사법절차 등의 각 영역에서 이주민이 처해 있는 현실의 문제점을 검토하고, 필요하다고 판단한 정책적 개선안을 제시한 책이다.

일본의 이민문제가 어떻게 변화해왔고 현재 어느 지점에 이르렀으며, 그 문제에 어떻게 대처해왔는지를 개괄적으로 파악하기에 이만한 자료는 없을 듯싶다. 또한 이 책은 이제 막 '이주민'과 더불어 살아가는 사회를 고민하기 시작한 한국사회와 이주민 지원활동을 하고 있는 한국의 활동가들에게 이주민의 정착기간이 길어지면서 나타날 수 있는 문제, 우리가 간과하거나 미처 생각하지도 못하고 있는 일상생활의 여러 측면에서 발생할 수 있는 문제와 그 해결을 위한 노력을 보여주고 있기도 하다.

이주노동자와 이주민에 대한 지원운동이 의미를 가지는 것은 그들이 사회에서 가장 힘없는 약자의 처지에 있을 가능성이 높고, 그들의 사회적 지위, 노동조건, 생활조건을 끌어올리는 것이 그 사회의 인권과 복지의 최저선을 끌어올리는 것과 통하기 때문이라고 생각한다. 그런 점에서 이 책의 정책 제언이 이주노동자와 이주민을 위한 이런저런 지원을 해야 하고 이런저런 제도가 만들어져야 한다는 데 그치는 것이 아니라, 사회적 소수자를 위한 여러 제도를 제안하고 그 대상에 이주민이 포함되어야 한다는 방향으로 제시되고 있는 점은 우리가 눈여겨

보아야 할 지점이다. 또한 이주자를 주체로 참여시킬 수 있는 방안, 그들과 관련된 정책을 그들 스스로 결정할 수 있는 구체적인 제도적 방안을 제시하기 위해 노력하고 있는 점도, 이주자에 대한 관심이 '불쌍한, 도움을 주어야 하는' 동정적인 시선에 머무르는 경향이 강한 한국 사회로서는 의미심장하다.

일본어를 잘 하지 못하는 본인이 감히 일서를 번역하겠다고 덤비도록 만든 것은 꾸밈없는 자연스러움으로 우리를 끌어당긴 일본의 나이 지긋한 활동가들의 끈기와 인간미였다. 이주노동자와 연대하는 전일본 네트워크는 "책이 출간되면 몇 권만 보내 주십사" 하는 외에 아무런 조건을 달지 않고, 오랜 기간의 노력이 축적된 결과가 분명한 이 책의 번역을 흔쾌히 허락해주셨다. 지면을 빌어 다시 한번 감사의 마음을 전하고 싶다.

가장 힘든 작업이었던 초벌번역은 이혜진님이 맡아주었다. 이혜진님은 한국에서는 이주와인권연구소 연구위원으로, 일본에서는 가나카와시티유니온 스텝으로 활동하고 있을 뿐 아니라, 한일 간 연대활동에서 탁월한 동시통역사이기도 하다.

그 외에도 책이 번역되기까지는 많은 분들께서 도움을 주셨다. 그럼에도 미처 확인하지 못했거나 본인의 부족함으로 생긴 번역상의 오류는 최종 교정을 맡은 본인의 책임임을 밝혀두는 바이다.

아무쪼록 이 책의 한국어판 번역과 출간이 이주민과 더불어 살아가기 위한 사회를 만들려는 부단한 노력과 한국과 일본의 활동가들 간의 연대에 조금이나마 도움이 되었으면 하는 마음 간절하다.

2007년 5월
이주와인권연구소 소장 이한숙

지구 전역에서 사람들이 국경을 넘어 다른 나라로 이동하는 현상
이 나타나고 있다. 사람들은 가족의 생계나 자신의 미래, 그 밖에 갖가
지 이유로 국경을 넘는다. 일본사회로 눈을 돌려 보아도 이주민과 일
본인이 지역에서 이웃으로 함께 살고, 직장에서 함께 일하고, 학교에
서 함께 배우는 것을 볼 수 있다. 같은 '이주자'라고 하더라도 국적,
민족, 문화, 종교, 언어가 다르고, 일본에 오게 된 사연도 다르고, 일본
에서 살아가는 삶도 다르다.

10년이 넘게 초과체류자로 살고 있는 이주노동자, 조상들의 조국
으로 일하러 온 일본인의 자손과 그 가족, 일하면서 기술을 배우러 온
연수생, 생계를 위한 아르바이트에 쫓기면서도 열심히 공부하는 유학
생, 브로커에게 속아서 일본에 팔려온 인신매매 피해자, 남편의 폭력
에 고통 받는 여성과 그로부터 벗어나 씩씩하게 살아가는 여성들, 일
본인과 결혼한 사람들과 국제결혼한 부모를 가진 어린이들, 박해를
피해온 난민…….

이주자에게는 저마다의 삶이 있지만 여기서 그 모두를 열거하는
것은 불가능할 것이다. 그러나 이들은 체류자격 때문에 또는 단지 외

국인이라는 이유로 어려움을 겪게 되는 공통점을 가지고 있다. 다민족 · 다문화가 공생(共生)할 수 있는 사회 체제를 갖추지 못한 일본사회에서, 이들은 일본인과 일어나는 마찰, 차별과 인권침해, 생계 불안정으로 여러 가지 어려움을 겪고 있다.

'이주노동자와 연대하는 전일본 네트워크(이하 이주련)' 는 이주자와 직접적인 만남을 통해 얻은 결실 가운데 하나다. 1980년대 후반, 이주노동자가 일본으로 들어오기 시작하면서 그들의 어려움에 공감한 사람들이 자발적으로 지원활동을 시작한 지 20여 년이 지났다. 운동은 전국으로 확산되었고, 1990년대 초에는 같은 과제와 문제의식으로 맺어진 전국적인 연락망을 형성하게 되었다. 1997년에는 상시적인 네트워크 조직으로 이주련이 결성되었고, 현장에서 활동하면서 분명히 인식하게 된 '외국인정책' 의 오류를 지적하고, 인권에 기반을 둔 정책을 제언하는 것이 가능하게 되었다. 이주련은 2년 간격으로 전국적인 포럼을 개최하고, 거기에서 논의된 내용을 『다민족 · 다문화 공생사회를 향하여 - 포괄적 외국인정책에 대한 제언(2002년 판)』으로 정리하여 일본정부를 비롯한 여러 부문에 제시하였다. 이 제언은 한편으로는 정부가 발표한 '출입국관리 기본계획' 에 대한 문제제기이다. 동시에 더 넓은 의미에서는 21세기 일본사회가 지향해야 할 다민족 · 다문화 공생사회에 대한 비전과 그 경로를 제시한 것이기도 하다.

이 책은 이 제언을 일본사회에 더 널리 전하기 위한 목적으로 썼다. 각 장은 현실 문제에 대한 검토 및 해설, 그리고 시책(施策)에 대한 제언으로 구성하였다. 여기에 제시한 제언은 기본적으로 '2002년 판' 을 기초로 하였지만 최근 정세를 고려하여 검토 및 해설 부분을 전면적으로 개정하였고, 새로운 제언도 추가하였다. 그럼에도 이후의 현실 변화에 대응하여 보완해 나가야 할 부분은 여전히 남아 있다. 그러나 독자들은 이 제언이 책상머리에서가 아니라 문제가 발생하고 있는 현장 활동을 통해 정리된 것임을 알아주기 바란다.

이 책이 정부, 국회, 지방자치단체 등에서 정책 입안의 지침으로 활용되기를 간절히 바란다. 또한 이 문제에 관심을 가지고 있는 많은 시민, NGO, 자원활동가들로부터 이 책이 일본사회가 나아갈 방향을 제시하는 하나의 지침이라는 공감을 얻을 수 있다면 그보다 더한 기쁨은 없겠다.

이 책의 출간을 위해 책 말미에 이름을 열거한 많은 분들이 도움을 주었다. 또한 미처 이름을 언급하지 못한 많은 분들에게도 여러 가지 조언을 받았다. 이런 분들의 노력이 없었다면 이 책의 출간은 불가능했을 것이다. 이분들께 지면을 빌어 감사의 뜻을 전하는 바이다. 마지막으로 출판자금을 지원해준 리코주식회사의 사회공헌클럽 '프리윌(Freewill)'에게도 감사의 마음을 전하고 싶다.

2006년 5월
이주노동자와 연대하는 전일본 네트워크

차례

제1부 이주정책의 갈림길에 서서

제1부

이주정책의
갈림길에 서서

다민족·다문화 공생(共生)의 미래를 향하여

1 장

전 세계의 이주자들과 함께

1980년대 이후 일본의 이주자 수는 급격히 증가하고 있고, 이러한 현실에 부합하는 정책 전환이 요구되고 있다.

2차 세계대전 이후 약 35년간은 일본에 사는 외국국적자의 85% 이상이 '재일(在日)'이라고 불리는 구식민지 출신자와 그 자손이었다.[1] 그러나 1980년대 후반을 기점으로 일본으로 건너오는 이주자 수가 급증하였다. 〈도표1〉[2]에서 볼 수 있는 바와 같이 '특별 영주자 외 외국인 등록자' 수는 빠르게 증가하여 2004년 현재 1988년의 약 5배에 이르고 있으며 이후에도 이런 경향이 지속될 것으로 예상된다.

---

1 2차 세계대전 이전에 일본의 식민지였던 대만, 조선 출신으로 생계 때문에 혹은 강제 연행되어 일본에 와서 살게 된 사람들. 1992년부터 이들에게 '특별영주' 체류자격이 인정되었다.

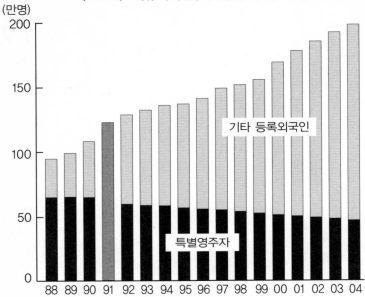

〈도표 1〉 체류외국인(외국인등록자) 현황

(만명)

기타 등록외국인

특별영주자

88 89 90 91 92 93 94 95 96 97 98 99 00 01 02 03 04

* 1992년 이전의 특별영주자수는 추정치임.(특별영주 체류자격은 1992년 신설됨)
* 1991년의 '특별영주자'에 해당하는 사람들 수는 발표되지 않음
* 법무성 입국관리국

2 〈도표 1〉은 등록된 외국인만을 포함하고 있다. 그러나 밀입국해서 체류 중인 등록되지 않은 외국인이 약 30,000명가량 존재한다. 또한 〈그림1〉의 초과체류자 중 다수도 외국인등록을 하지 않은 것으로 추정된다.

〈그림1〉 초과체류자 추이(명)

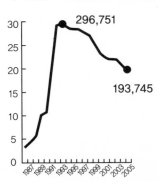

296,751

193,745

* 1986~1989년은 타나카 히로시(田中宏)
『재일 외국인』(구판, 岩波書店, 1991) 204쪽 참조

사람들이 다른 나라로 이주하는 이유는 다양하다. 그러나 최근 노동력의 국제적 이동이 대규모로 발생하고 있는 배경에는 1970년대 이후 본격적으로 전개되기 시작한 세계화가 자리 잡고 있고, 일본 또한 그 일익을 담당하고 있다. 경제 자유화와 시장원리가 국경의 틀을 넘어 전 세계로 확대되면서 세계경제는 미국과 유럽, 일본 등의 선진국에 본거지를 둔 국제자본의 지배 하에 놓이게 되었다. 1990년대 이후 이러한 흐름은 더욱 강해지고 있다. 막대한 이윤이 선진국(북반구)에 집중되어 개발도상국(남반구)과 경제적 격차가 무한히 확대되고 있다. 선진국 인구 20%가 전 세계 GDP 총액의 80%를 소유하고 있다. 세계인구의 4%를 점하는 미국이 전 세계 GDP 총액의 30%를 소유하고 있고, 세계인구의 2%를 점하는 일본도 전 세계 GDP 총액의 12%를 소유하고 있다. 1인당 국민소득은 방글라데시에 비해서는 일본이 93배, 미국이 101배 높고, 필리핀에 비해서는 일본이 32배, 미국이 35배 높다(2003년 기준). 이런 실정은 '구조적 폭력'이라고 부를 수밖에 없다.

남반구 각지에서는 농민, 어민, 노동자가 국제자본에 의한 '개발'의 희생양이 되어 생존기반을 잃고 대도시로 유입되면서 도시인구가 증대하고 도시 슬럼화가 진행되고 있다. 세계화는 '북반구'와 '남반구' 사이에 극심한 빈부격차를 초래하는 한편, 수탈당하는 측에 대량 실업을 야기하여 거대한 규모의 저임금노동력 풀(pool)을 만들어낸다. 생존기반을 잃은 사람들은 생계를 위해 국경을 넘고 바다를 건너 일자리를 찾아 나설 수밖에 없다. 기회를 얻을 수 있는 계층부터 '국제적 노동력 이동'이 시작되고, 그 규모는 이미 일본 총인구를 훌쩍 넘어서는 수준에 이르고 있다.

1970년대 아시아를 비롯한 세계 각지로 대규모 자본을 수출하여 이윤을 축적함으로써 1980년대 엔고(円高) 일본이 완성되었다. 이 시기부터 필리핀, 한국, 타이 등 일본과 경제적 연계가 밀접한 지역을 중심으로 이주노동자의 대량유입이 시작되었다. 이것은 벽에 던진 공이 튀어서 되돌아오는 것과 같이 당연한 것이었다. 1980년대 전반에는 인신매매를 포함하여 주로 여성들이 일본으로 왔고, 1980년대 후반에는 제조업과 건설업에 고용된 노동자들이 뒤를 이었다. 1980년대 말 이후 이주노동자 유입의 흐름은 일본정부의 정책과 맞물려 닛케이진(日系人)노동자[3] 및 연수생, 실습생으로 이어져갔다. 이런 흐름은 세계화가 만들어낸 거대한 파도가 일본에 미친 영향을 보여주는 것이다. 세계경제의 현 상황이 바뀌지 않는 한 이런 흐름은 지속될 것이다. 사람들의 국제적 이동은 주로 구조적 요인에 의해 규정되지만 국제적 이동 자체가 사람들과 연계를 만들어내고, 그 연계를 통해 다시 새로운 사람들의 유입이 진행되고 있다.

앞으로도 일본사회로 들어오는 이주자는 계속해서 증가할 것이다. 국적은 일본이지만 일본 이외 지역에 뿌리(roots)를 가지고 있는 사람이나 국제결혼가정 자녀와 같이 기존의 '일본인'이라는 정체성으로는 묶일 수 없는 사람들도 증가할 것이다. 일본사회의 인종과 민족 구성이 다양해지고 있는 만큼 이들 또한 일본사회의 동등한 구성원이라는 인식이 더욱 중요해지고 있다.

---

3 1989년 출입국관리와 난민인정법(이하 입관난민법) 개정에 동반한 성령(省令) 개정으로 20세기 전반에 중남미(주로 브라질과 페루)로 이주했던 일본인의 자손에 한해 합법적으로 취업할 수 있는 체류자격이 인정되었다. 2004년 말 현재 30만 명 이상의 닛케이(日系, 일본계) 이주노동자와 그 가족이 일본에 체류하고 있다.

현실에 맞지 않는 외국인 정책

일본정부의 정책은 이러한 현실과 정확히 부합해왔을까? 현장에서 이주자와 함께 매일 분주하게 활동해온 NGO 입장에서는 아니라고 말할 수밖에 없다. 이주노동자가 일본으로 건너오기 시작한 1980년대 후반 이후 20여 년이 경과하였고, 이미 노동력의 대량 이동 시대가 시작되었다. 그러나 일본정부는 여전히 '단순노동자는 도입하지 않는다'는 정책을 고수하면서, 일본사회가 필요로 하는 노동력을 충당하기 위해 '노동자' 일반을 도입하는 것이 아니라 직업별로 세분화된 체류자격제도를 이용하고 있다. 그 결과 체류자격 중 다수가 형식상의 명분과 달리 대체노동력의 이용수단이 되고 있다.

이런 모순은 초과체류자가 된 사람들에게서 가장 집약적으로 드러나고 있다. 보통 외국국적자의 약 10%가 초과체류 상태로 여러 가지 권리침해에 노출되어 있다. 일부 체류자격은 합법의 탈을 쓴 채 인신매매 경로로 이용되기도 한다. 그 외에도 명목은 연수 혹은 유학·취학, 기술, 기능, 흥행(무희, 가수)이나 결혼이지만 실제로는 대체노동력의 수단이 되고 있는 경우가 많다. 이 때문에 이주노동자들은 노동자로서 마땅히 가지는 권리를 행사할 수 없는 상태에서 악질적인 고용주로부터 신변을 보호할 수 있는 수단을 빼앗기고 있다.

3차에 걸친 일본정부의 '출입국관리 기본계획(이하 기본계획)' [4]은 명분과 현실 사이에 간격을 좁히는 방향에서 멀리 벗어나 있다. 일본정부의 기본정책은, 단순노동자는 도입하지 않는다는 전제 하에 오직

4　입관난민법에 입각하여 책정되며, 제1차가 1992년, 제2차가 2000년, 제3차가 2005년에 공표되었다.

'바람직한 외국인'을 어떻게 원활하게 도입하고, '바람직하지 않은 외국인'을 어떻게 배제할 것인가라는 두 개의 잣대를 가지고 만들어진 것이다. 2005년 3월에 발표된 제3차 기본계획 또한 동일한 기조를 유지하고 있지만, 제2차 기본계획이 발표된 이후 전개된 새로운 정세가 여기에 큰 영향을 미쳤다.

2001년에 일어난 9 · 11 테러 이후, 테러와의 전쟁을 명목으로 미일 군사동맹이 재편, 강화되는 흐름이 뚜렷해졌다. 또한 2002년 9월 17일에 열린 북일 정상회담에서 소위 납치문제가 표면화되면서 북한에 대한 적대적 여론이 조성되고, 정치적 · 군사적 긴장이 높아졌다. 이와 더불어 국내에서도 치안이 악화되고 있다는 캠페인이 전개되었고, 불법체류 외국인이 공격대상이 되었다. 범죄대책 각료회의(2003년 12월)에서 "이후 5년 내에 불법체류자 수를 반으로 줄인다"는 목표가 설정되고, 도쿄도(東京都), 경시청, 입국관리국 삼자는 수도 도쿄의 불법체류 외국인 대책에 관한 공동선언을 발표하기도 하였다(2003년 10월).

제3차 기본계획은 이러한 사회적 · 정치적 배경을 바탕으로 출입국관리의 기본 축을 치안과 관리감독으로 이동시켰다. 제3차 기본계획에는 "인구감소 시대를 맞이하여 외국인노동자 도입 방향을 설정해야 할 시기가 다가오고 있다"(동 계획 III-1 (2)), "우리나라가 필요로 하는 외국인"으로 "전문기술 분야의 외국인노동자 도입을 추진"하고 "고급인력 도입을 촉진"(동 계획 III-1 (1))한다는 내용이 명문화되어 있다. 그러나 다른 한편으로는 "외국인 범죄의 온상이 되고 있는" 불법체류자 수를 반으로 줄이기 위해 지금까지와는 다른 강력한 대책을 마련하고, 테러리스트 등이 국제적으로 이동하는 것을 사전에 확실히 저지할 것이라는 점이 강조되고 있기도 하다. 이를 위한 조치로 입국

심사에 바이오매트릭스(biometrics, 생체정보인증) 도입, 사전 여객정
보시스템 활용, 실태조사 실시, 경찰, 법무성* 등 관계 ----------------------
기관과 제휴한 단속, 효율적인 강제퇴거 절차 등을 제시   *** 성(省)은 한국의 부(部)에**
하였다. 즉, 제3차 기본계획의 전반적인 기조는 외국국   **해당**

적자의 생활 전반에 대한 감시와 관리 체제를 확립하는 것으로, 치안
강화 조치는 이미 출입국관리와 난민인정법(이하 입관난민법) 개정을
통해 구체화되었다.

　인권을 무시한 이러한 통제 정책으로 외국국적자의 생활 여러 측
면에서 발생하고 있는 문제는 이 책의 각 장에서 언급할 것이다. 여기
에서는 제1차 기본계획에서 제3차 기본계획에 이르기까지 일관되게
관철되고 있는 출입국관리 정책의 두 가지 기본 축이 가지는 근본적
인 문제점을 지적해두고자 한다.

(1) 인권을 도외시한 국가이익의 자기모순

　출입국관리의 첫 번째 기본 축이 되고 있는 '바람직한 외국인' 의
선별적인 도입은 정부가 생각하는 '국가이익' 이라는 관점에서 나온
일면적인 발상이다.

　2차 세계대전 전후(前後)에 걸쳐, 일본정부는 일관되게 국익을 절대
적으로 우선시하는 외국인정책을 실시해왔다. 이러한 정책은 특히 구
식민지 출신자의 인권을 완전히 무시한 것이었다. 외국국적자가 절대
적으로 소수였던 시기에는 국익이 우선이라는 생각에 외국국적자의
인권을 무시하는 정책이 아무 거리낌 없이 받아들여지기도 하였다.

　그러나 세계화가 빠른 속도로 진행되면서 이런 인식이 오류라는
것이 더욱 분명해지고 있다. 세계화로 인한 대규모 인구이동의 파고

는 일본정부가 국익이라는 미명 하에 쌓아온 선별(選別)의 장벽을 훌쩍 뛰어넘고 있다. '우리나라가 환영하는 외국인은 전문기술직 노동자와 고급인력'이라는 직업차별적 편견에 입각한 도입 기준과 달리, 실제로 일본사회의 이주노동자는 공장, 건설현장, 식당 등에서 일하고 있다.[5]

이런 왜곡된 현실을 방치한 채로는 외국국적 인구가 급증하는 시대에 인권침해와 마찰을 피할 길이 없고, 결국은 일본을 혐오하는 사람들 수십 만 명을 해마다 새로 만들어내는 꼴이 될 것이다. 주변국가 사람들의 적의에 둘러싸인 국가는 살아남기 힘들다는 점에서 편향된 국익에 입각한 일면적 정책이 오히려 국익을 훼손하는 자기모순이 발생하고 있는 것이다.

3차에 걸친 기본계획의 치명적 결함은 인권에 대한 배려가 거의 없다는 점이다. 기본계획에는 국제인권규약상의 인권보장이 전혀 고려되지 않고 있고, 현행 출입국관리 체제가 구조적으로 발생시키고 있는 인권침해만이 아니라 관련 공무원에 의한 인권침해(10장 참조) 또한 완전히 무시하고 있다.

출입국정책이 기본원칙으로 삼아야 할 것은 노동력의 이동은 '인간의 이동'이라는 단순한 사실이다. 한 사람 한 사람의 인권은 지구보다 무겁고 어떤 국익도 초월하는 보편적인 것이다. 인권을 무엇보다 우선시하는 것은 근대국가의 의무이며, 우리는 인권을 무시한 국익 자체가 성립될 수 없는 세계에 살고 있다.

---

5 불법취업으로 단속된 사람들은 주로 "공장노동자, 호스티스 등 접객, 건설노동자, 조리사, 웨이트리스, 바텐더, 그 외 서비스업 종사자"이다(입국관리국 『2005년 판 출입국관리』). 연수생과 실습생이 일하고 있는 곳도 기술이전과는 무관한 노동현장이다(3장 참조).

(2) 제노포비어(외국인혐오)에 근거한 치안 중시 정책

출입국관리의 두 번째 기본 축이 되고 있는 치안과 통제는 '제노포비어'[6]가 그 토대이다.

일본에 사는 외국국적 주민은 일본사회의 정당한 구성원이다. 외국인정책은 그들의 권리보장과 공생을 중심으로 입안되어야 한다. 그러나 현재 정부의 정책은 관리, 감시, 통제 쪽으로 지나치게 치우쳐 있다. 지역주민인 외국국적자와 이주자를 우선 '치안문제'의 대상으로 보는 것은 "외국인이 증가하면 치안이 악화된다"는 제노포비어에 기인한 편견이 강하게 작용한 결과다. 이런 정책은 이미 200만 명을 넘어섰고 지금도 계속 증가하고 있는 외국국적 주민 전체를 적으로 돌리겠다고 정부 스스로 선언하는 것과 마찬가지이다. 통제하는 측이 어떻게든 '좋은 외국인'과 '나쁜 외국인'을 구별하려고 하면 일단 모든 '외국인(혹은 외국인으로 보이는 사람)'을 의심해보아야 할 것이기 때문이다. 이런 정책은 또한 사회전체에 제노포비어를 확산시키고, 자치단체장이 외국인에 대한 차별적 발언을 할 수 있는 분위기, 외국인만 보면 범죄자로 의심하는 분위기를 만들어내고 있으며, 외국인 출입거부 같은 현실적인 차별을 조장하고 있다(12장 참조). 이는 또한 188개국에 이르는 외국국적자 출신국에 일본에 대한 적의와 혐오를 퍼뜨리고, 일본에 대한 국제사회의 신용을 실추시키는 결과를 동반할 수밖에 없다.

6　제노포비어(xenophobia)는 그리스어의 외국인과 싫어한다는 말의 합성어. '외국인'에 대한 편견과 악의를 지칭하는 용어로 국제사회에서는 인종차별의 일종으로 그 철폐가 요구되고 있지만 일본에서는 이러한 인식이 희박하다.

통계를 냉정하게 분석해보면 실제로 외국인 범죄가 일본인에 비해 특별히 많다는 사실은 발견되지 않는다(12장 참조). 치안문제가 될 만한 '외국인범죄의 증가, 흉악화, 조직화'는 경찰과 언론의 편견에 찬 캠페인에서만 실제로 존재한다. 외국인 때문에 치안이 악화되는 것이 아니라 이런 종류의 제노포비어 선동 때문에 마찰이 일어나고 치안에도 악영향을 미치는 것이다. 이 점에서 기본계획은 본말을 전도하고 있다.

법무성의 출입국관리 기본계획 외에도 일본경제단체연합회의 「외국인 도입에 관한 제언」,[7] 외무대신 자문기관인 해외교류심의회의 「변화하는 세계의 영사(領事)개혁과 외국인 문제를 향한 새로운 시도」[8] 등이 발표되기도 하였다. 이들 제언 또한 인구감소와 외국인 증가에 대한 대응이 필요하다고 보는 점에서 제3차 기본계획과 인식을 공유하고 있다. '대체노동력으로 이용할 외국인을 어떤 방식으로 도입할 것인가'라는 관점에서, 단기적으로 교체되는 노동력을 '연수기능실습생' 형식으로 도입하자고 제안하고 있는 점에서도 법무성 기본계획과 거의 일치하고 있다.

단, 해외교류심의회 답신의 끝 부분에 "…… 성청(省廳) 간 수평적으로 협력하여 외국인 문제에 대처할 수 있도록 정부체제를 정비할 것을 제언한다"라고 한 점은 주목할 필요가 있다(여기에 대해서는 뒤에서 설명할 것이다).

이와는 별도로 지방자치단체들이 조직한 외국인집주(集住)도시회의에서 '하마마쯔(浜松)선언'[9]과 '도요타(豊田)선언'[10]이 발표되기도

---

7   2004년 4월.
8   2004년 10월.

하였다. 이 선언들은 외국국적 주민과 직접 대면하는 자치단체의 입장에서 다문화 공생이라는 대담한 시각을 가지고 정주화(定住化)가 진행되고 있는 외국국적 주민의 교육과 복지에 관한 구체적인 제언을 제시하였다. 그러나 앞서 언급한 일본경제단체연합회의 제언과 연대를 요청하고 있다는 점에서는 문제의 소지를 남기고 있기도 하다.

인권과 다민족 · 다문화 공생의 시각에서

정부가 먼저 고려해야 할 것은 이주자에게 인간의 권리를 어떻게 보장하고, 일본사회를 다민족 · 다문화 공생을 향해 어떻게 변화시켜 갈 것인가 하는 것이다. 선별과 배제가 아니라 인권과 다민족 · 다문화 공생이 외국인정책의 키워드가 되어야 하며, 이를 구체화하기 위한 정책 입안의 기본 체제가 정비되어야 한다.

(1) 국제인권기준에 비추어 본 인권보장

국제인권기준은 국적과 체류자격 유무와 상관없는 인간의 존엄 그 자체에 보편적 가치를 두고 있다. 세계인권선언 제1조에 따르면 "모든 인간은 태어날 때부터 자유로우며 그 존엄과 권리에 있어서 동등하다."

국제인권규약의 자유권규약[11]상의 여러 권리 또한 국적과 시민,

---

9   2001년 10월.
10   2004년 10월.

비시민을 구별하여 차별할 수 없음을 명시하고 있다. 규약체결국은 원칙적으로 외국인의 입국에 대해 자유재량권을 가지지만, 차별적인 입국정책과 비인도적인 대우, 가족을 분리시키는 입국정책은 규약에 위반하는 것으로 보며, 일단 입국을 인정한 외국인에 대해서는 조약상 인권을 평등하게 보장하도록 규정하고 있다.[12]

　그 밖의 인권조약도 이주자와 외국국적자가 인권침해와 차별을 받기 쉬운 위치에 있다는 것을 인정하고, 특별한 입법과 조치를 통해 적극적으로 보호하도록 하고 있다. 이주자 중에서도 특히 여성과 어린이는 인신매매와 가정폭력 등의 인권침해를 받기 쉬우므로 그 권리에 대한 특별한 보호가 필요한 것으로 인식하고 있다.[13]

　2006년 1월 현재, 일본은 유엔이 채택한 24개 국제인권 관련 조약 가운데 12개 조약을 비준하였다. 그러나 중요한 국제인권 관련 조약 두 개가 비준되지 않은 채로 남아 있다. 그 하나는 자유권규약 선택의 정서[14]로, 일본이 이를 비준하지 않음으로 인해 이주자와 외국국적자는 국제기관에 소송을 제기할 수 있는 기회를 박탈당하고 있다. 또 하나는 이주노동자와 그 가족의 권리보장에 관한 국제조약(이주노동자권리조약)[15]이다. 이 조약은 이주자와 외국국적자가 체류의 합법 · 비합법에 상관없이 보장받아야 할 권리에 관한 국제기준과 지침을 제시하고 있다. 정부는 이주노동자권리조약을 비준하고 이에 입각하여 국

11　'시민적 · 정치적 권리에 관한 국제규약'으로 일본은 1979년 이를 비준하였다.
12　인권규약위원회 '일반적 견해 15'(1986년).
13　'여성권리조약'과 '베이징회의 선언 · 행동계획', '아동의 권리에 관한 협약', '이주노동자권리조약'.
14　인권침해를 당한 개인이 인권규약위원회에 신고할 수 있는 제도(개인신고제도)를 인정하는 것.
15　2004년 20개국이 이에 비준함으로써 발효되었다.

내법을 정비해야 한다.

일본정부는 또한·비준한 조약 중에서도 두 가지 조약의 일부 조문
에 대해 유보와 해석선언*을 한 상태이다.
그 하나는 인종차별철폐조약 제4조 (a), (b)
를 유보한 것이다. 이 조항은 인종차별에 대
한 선동을 형법상 범죄로 처벌할 의무를 규
정한 것으로, 일본정부는 "헌법이 보장하는

* 특정 조약 규정의 적용에 대하여 여러
가지 해석이 가능할 경우 자국이 채택하
는 특정 해석을 표명하는 선언. 원칙적으
로 조약규정의 적용을 배제하는 것은 아
니지만 실제로 조약 유보에 상당하는 선
언이 행해지는 경우도 있다.

표현의 자유에 저촉될" 우려가 있다는 이유로 비준을 유보하였다. 그
러나 이 조항은 인종차별에 대항할 수 있는 현실적인 수단을 확보하
기 위해 중요한 부분이며, 인종차별 금지는 "표현의 자유에 관한 권리
와 정합(整合)하는 것이다."[16] 일본정부는 이 조항의 유보를 철회하고
인종차별을 금지하는 법률을 제정하여 조약비준에 내실을 기해야 한
다(12장 참조).

다른 하나는 아동의 권리에 관한 협약과 관련된 해석선언과 비준
유보이다. 일본정부는 "(어린이와 부모의 분리 금지를 규정한) 제9조
1항은 강제퇴거에 대해서는 적용되지 않는다", "(출입국관리 시 가족
의 재결합 촉진을 규정한) 제10조 1항은 입국심사 결과에 영향을 미칠
수 없다"는 두 가지 해석선언을 하였다. 또한 (입국관리국의 수용을
포함하여) 구금된 어린이에 대한 적절한 처우, 성인과 분리수용, 가족
과 접촉 유지 등을 규정한 제37조 (c)를 유보하였다. 이에 대해 '아동
의 권리에 관한 위원회(조약위원회)'는 '우려'를 표명하기도 하였다.
이주자와 외국국적을 가진 어린이의 기본적 인권을 경시한 이러한 해
석선언과 유보는 철회되어야 한다.

16　인종차별철폐조약위원회 '일반적 권고 15'(1993년).

(2) 다민족·다문화 공생사회를 지향하는 정책

국경을 넘는 이주의 원인은 세계화지만 이주자들이 단순히 그 피해자 혹은 희생자인 것만은 아니다. 이주자들은 자신의 의지를 가지고 이주하는 주체이며 정체성의 근거가 되는 문화를 보유한 사람들이다. 따라서 사람의 이동은 그 인격의 기초가 되는 문화의 이동이기도 하며, 인권의 보장은 이주자 문화의 보장이기도 하다. 출입국관리 정책을 통해 환영할 수 있는 외국인만을 선별적으로 도입하고 그렇지 않은 외국인을 배제한 채, 환영할 수 있는 외국인하고만 문화적으로 공생하겠다는 것은 진정한 '다문화 공생'이라고 할 수 없다. 일본에 살고 있는 여러 민족의 존재와 독자성을 인정한 위에서 체류와 생활상의 권리를 비롯한 인권보장의 일환으로 그들의 문화에 대한 권리를 보장하는 다민족·다문화 공생이 목표가 되어야 한다.

그 출발점은 정책의 기본 관점을 다민족·다문화 공생사회에 대한 지향으로 전환하는 것이다. 또한 정책의 토대가 되는 실태조사를 실시하고, 요구를 수렴하며, 정책을 입안하고 실시하는 전 과정에서 외국국적자와 이주자의 참가를 보장해야 한다. 이를 위해서는 이주자의 목소리를 듣는 것만이 아니라 그들이 스스로 결정할 권리를 존중해야 하며, 이를 제도적으로 보장하기 위해 '다민족·다문화 공생사회 추진협의회'와 같이 외국국적자와 이주자가 주체가 되는 기관을 설립해야 한다.

(3) 외국국적자와 이주자 문제를 총괄하는 정부기관 설치

앞에서 언급한 바와 같이 외무성의 해외교류심의회는 성청 간 수

평적으로 협력하여 외국인문제에 대처할 수 있도록 정부 체제를 정비하자고 제안하였다. 법적으로 '외국인의 처우에 관한 관계기관 간 업무조정'(외무성설치법 제4조 14항)의 책임은 외무성에 있다. 따라서 이 제안은 일개 성청이 이 문제를 담당하는 것이 불가능하다는 점을 외무성 자신이 인정한 것이라고 할 수 있다. 즉, 외국국적자와 이주자의 문제를 출입국관리의 틀을 넘어 인간의 생존에 관련된 모든 영역에 걸친 문제로 보는 폭넓은 시각이 필요한 것이다.

그러나 실제로 외국인 정책은 단지 법무성 관할 하의 출입국관리 문제로만 취급되고 있고, 다양한 영역에 걸친 생활상의 문제는 여러 성청이 뿔뿔이 흩어진 채 다루고 있다. 법률상의 주무관청인 외무성은 총괄적인 외국인 정책 입안이 능력 밖의 일임을 솔직히 인정하였고, 연 1~2회 개최되고 있을 뿐인 내각관방(內閣官房)*의 '외국인노동자문제 관계성청 연락회의(국장급)'는 단순한 연락기능만을 담당하고 있을 뿐이다. 성청 간 횡단적인 정보집중이 특히 강조되고 있기는 하지만 이는 외국인에 대한 '관리강화'를 목적으로 한 것이다.

> * 일본의 내각에서 장관에 직속하여 인사, 문서, 회계 등 총괄적 사무를 담당하는 기관.

다민족 · 다문화 공생사회의 외국인정책에서 출입국관리는 극히 일부분에 불과하다. 정책의 중심이 되어야 할 것은, 생활 · 노동 · 교육 · 복지 · 문화 등 이주자가 지역의 생활인으로서 직면하는 여러 영역에서, 권리를 보장받고 공생을 향한 틀을 만드는 것이다. 정부는 지방자치단체 및 NGO와 협력하여 이러한 틀을 만들기 위해 노력해야 할 책임이 있다. 장기적으로는 이민성 또는 이민청과 같은 전문기관을 설치하여 '외국인인권기본법'(2장 참조) 실행의 주무기관이 되도록 하고, 앞에서 이야기한 '다민족 · 다문화 공생사회 추진협의회'의 실행기관으로서 기능을 수행하도록 해야 한다. 우선은 이민국을 내각

부(府)의 외국(外局)으로 설치하고 각 성청의 관련 부문을 이민국에 집
중시켜야 한다. 이민국은 다민족·다문화 공생사회를 향한 총괄적인
외국인 정책의 입안과 실시를 위해 NGO를 비롯한 여러 부문과 협력
하는 정부 창구로 기능해야 할 것이다.

제 언

1. 국제인권기준에 입각하여 인권의 관점에서 외국인 정책
   을 개정한다.

2. 아래의 국제인권규약을 비준 또는 완전 비준한다.
   (1) 국제인권규약(자유권규약) 선택의정서를 비준하여 인권침
       해를 당한 개인이 인권규약위원회에 신고할 수 있도록 한다.
   (2) 이주노동자권리조약을 비준하고, 합법·비합법을 불문한
       모든 이주노동자와 그 가족의 권리를 보호할 수 있도록 국내
       법을 정비, 집행한다.
   (3) 인종차별철폐조약 제4조 (a), (b)의 유보를 철회하여 인종차
       별에 대한 선동을 형법상의 범죄로 처벌할 수 있도록 법률을
       정비, 집행한다(12장 참조).

(4) 아동의 권리에 관한 협약에 대한 해석선언과 유보를 철회한
다. 이를 통해 '어린이와 부모의 분리 금지' 조항을 입관난민
법에 의한 강제퇴거에 대해서도 적용하고 구금 시 어린이에
대한 적절한 처우 등의 규정을 입국관리국 수용 시에도 적용
한다.

3. 일본사회에서 살고 있는 이주자와 소수자에 대한 시책을
다민족 · 다문화 공생사회를 지향하는 방향으로 개정한다.

4. 일본사회에서 살고 있는 이주자와 소수자 당사자들로
구성되는 '다민족 · 다문화 공생사회 추진협의회' (가칭)가
이주자와 소수자에 대한 실태조사를 실시하도록 하고, 그
에 기반하여 필요한 정책을 입안한다. 정부기관은 정보 공
개 등 그 실시를 위해 필요한 조치를 취한다.

5. '외국인인권기본법'의 집행을 담당하고 이주자와 소수
자의 문제를 총괄적으로 다루는 정부기관을 설치한다. 우
선은 내각부에 '이민국'(가칭)을 설치하여 다민족 · 다문화
공생사회를 지향한 총괄적인 정책을 입안, 집행한다. 이
기관은 외국인인권기본법이 제정되는 동시에 이민성 또는
이민청으로 전환한다.

인권과 공생을 위한 법 정비 2^장

일본의 외국인 관련 법제의 역사

일본정부의 외국인 관련 법제의 역사는 메이지(明治) 시대 (1868~1912) 이래 주변 나라를 향한 침략과 식민지지배 시기까지 거슬러 올라간다. 당시 중국인(청나라인)을 중심으로 한 외국인의 출입국과 체류는 법률이 아닌 내무성령(省令)과 칙령(勅令)에 의해 경찰이 관할하였다. '단순노동자를 도입하지 않는다'는 방침은 당시의 칙령에 그 기원을 두고 있다.

한편 '제국신민(帝國臣民)'으로 편입된 식민지 주민(외지인(外地人), 조선인과 대만인)의 내지(內地, 일본) 이주와 체류는 총독부와 내무성 경찰이 관리하였다. 특히 조선인은 치안과 노동력 조정이라는 양 측면에서 이주가 엄격하게 관리되었고, 1939년 이후부터는 일본의 침략전쟁에 총동원되었다. 1939년 '조선인 노무자의 내지 이주에 관한 건'으로 시작된 총동원체제는, 아시아 · 태평양 전쟁이 격화되면서 1942년 '조선인 노동자 활용에 관한 건'으로 관(官)에 의한 알선 방식을 거쳐, 1944년 '반도인 노무자의 이입에 관한 건'에 의해 강제징용방식으로 바뀌었다. 일본정부는 1944년 '조선징병령'을 발표하여 조선인들을 군인으로 전쟁터에 내몰기도 하였다. 식민지 출신자(외지인)는 민족별 호적에 의해 일본인(내지인)과 구별되는 법적 지위를 가지고 있었다. 내지 거주자는 황민화(皇民化) 정책에 근거해 일본제국 신민으로서 공민권(선거권과 피선거권, 공직에 취임할 권리)이 인정되었지만, 치안경찰의 엄격한 관리와 감시 하에 놓여 있었다.

패전 직후 일본정부는 "호적법의 적용을 받는 자의 선거권과 피선거권은 당분간 정지한다"고 공포하여 일본에 거주하고 있던 구식민지 출신자의 국정과 지방정치에 관한 참정권 행사를 정지시켰다.[1] 1946년 이후에는 구식민지에서 일본으로 새로이 이주한 사람들을 '불법입국'으로 검거, 송환하고 입국 자체를 중단시켰다.[2] 또한 신헌법이 발효되기 전날, 천황 최후의 칙령(천황이 정한 법률)으로 공포된 '외국인등록령'[3]에 의해, 당시 일본에 거주하고 있던 조선인과 대만인을 "외국인으로 간주"하고 등록 관리 대상으로 삼았다. 1947년 5월 3일 시행된 일본헌법에서도, 소위 맥아더 초안(1946년 2월 13일 제안)에 있던 "외국인은 평등한 법률의 보호를 받을 권리를 가진다"는 외국인평등조항을 삭제하고, 제3장의 제목을 '국민의 권리와 의무'로 변경하였다. 그리고 헌법 첫머리 10조에 "일본국민의 요건은 법률에서 이를 정한다"고 명기하고, 헌법상 인권관련 조항의 주체를 '일본

---

1 1945년 12월 17일 공포된 중의원(衆議院) 의원 선거법 개정.
2 점령군 사령부는 1946년 2월 이후 몇 차례 '각서'를 발표하여 외국인 입국을 원천적으로 금지하고, 이를 위반하는 자를 '불법입국자'로 관리하였다.
3 1947년 5월 2일.

국민'으로 명시하여 일본국적을 가진 '국민'을 인권보장의 주체로 규정하였다. 이 체제는 샌프란시스코 강화조약에 의해 일본이 '독립'하기 바로 전 해에 최후의 포츠담 정령(점령군 사령관이 정한 법률)으로 공포된 '출입국관리령'[4]에 의해 보강, 완성되었다. 즉, 위반자에 대해 형사처벌과 강제퇴거라는 강제력을 행사할 수 있는 출입국관리와 외국인등록의 법제와 기관이 정비된 것이다. 이것이 현재의 입관난민법과 외국인등록법의 시초였다. 그리고 1952년 4월 19일 법무부 민사국장이 민사갑(甲) 제438호를 통보하고 같은 해 4월 28일 샌프란시스코 강화조약을 발효함에 따라, 전쟁 전 외지(外地) 호적을 기준으로 구식민지 출신자의 일본국적이 일방적으로 박탈되었다.

이와 같이 일본의 외국인 관련 법제는 식민지 지배 역사로부터 뚜렷한 영향을 받았고, 외국국적자의 권리보장이라는 관점은 거의 지니고 있지 않다. 2차 세계대전 후의 헌법이 보장하는 기본적 인권에 있어서도 이를 향유하는 주체는 '국민'으로 되어 있다. 외국인에게도 권리의 성격이 허락하는 범위 내에서 그 권리를 보장한다는 해석이 판례가 되고 있기는 하지만 참정권과 사회권은 권리의 성격상 외국인이 권리주체가 아닌 것으로 해석되고 있다. 게다가 실제 판례나 행정실무에서는 외국인에 대한 헌법상의 기본적 인권보장은 "체류제도의 틀 안에서만 부여될 수 있을 뿐이다"라는 해석이 일반적이다.[5] 결국 외국인은 기본적 인권을 누려야 할 주체이기 이전에 입관난민법과 외국인등록법에 근거한 관리 대상이라는 관점이 법 해석과 운용을 지배하고 있는 것이다.

---

4 1951년 10월.
5 소위 '맥클린(マクリーン) 사건'. 최고재판소 대법정(最高裁大法廷) 판결(1978년 10월).

이런 상황에 어느 정도 변화가 나타나기 시작한 시점은 일본정부가 국제인권규약을 비준한 1980년대이다.[6] 이때부터 구식민지 출신자도 사회보장 등 사회권 일부를 인정받게 되었다. 1990년대에는 입관특례법[7]에 의해 구식민지 출신자와 그 가족에게 비교적 안정된 법적 지위(특별영주자격)가 부여되었다. 비슷한 시기에 전면 개정된 입관난민법[8]에서는 법적용의 초점이 새로운 이주자에게로 이동하였다.

일본 정부가 국제인권규약을 비준하였기 때문에 이를 완전히 무시할 수는 없게 되었지만 조약의 기준을 충족시킬 수 있을 만한 조치를 취한 것은 아니었다. 여전히 현행 법체제 내에서 입관난민법과 외국인등록법이 외국인을 대상으로 한 유일한 법률이고, 이들 법률은 외국인을 관리하는 것이 목적이다. 이러한 '외국인관리법'은 허가요건과 절차를 갖추지 않은 자에 대해서는 형사상의 처벌 외에 행정적인 강제력(수용과 강제퇴거)을 행사할 수 있도록 하고 있다. 특히 입관난민법은 법무대신에게 광범한 재량권을 허용하고 있어서 입관난민법에 의한 강제력 행사에는 헌법상의 제약이 가해지기 어렵다. 또한 입관난민법과 외국인등록법 적용이 여타의 다른 법률에 근거한 외국인의 권리보장보다 우선시되는 실정이다.

따라서 잘못된 토대 위에 구축된 현행 법체제에 의한 모순을 시정하기 위해서는 외국국적자에 관한 기본 법제를 전면적으로 개정해야 한다.

---

6 1979년 국제인권규약 비준, 1981년 난민조약 비준.
7 '일본과의 평화조약에 근거해 일본 국적을 이탈한 자 등의 출입국관리에 관한 특례법'(1991년 4월 제정, 동년 11월 시행).
8 1989년 12월 제정, 1990년 6월 시행.

헌법－인권기본법－차별철폐법의 법체계를 지향하며

일본의 외국국적자 관련 법제는 다민족ㆍ다문화 사회의 현실에 기반하여 모든 사회구성원이 인권을 향유하는 시민으로 인정되고, 다양한 민족 문화가 공존하며, 조화ㆍ관용ㆍ연대를 기초로 한 다민족ㆍ다문화 공생사회를 지향하는 방향으로 근본적으로 개정되어야 한다. 이를 위해서는 2차 세계대전 이전부터 현재까지 일본의 외국인 관련 법제가 완강하게 고수하고 있는 '단일민족국가'의 환상, 이질성을 배제하는 동화(同化) 편향, 민족적 우월의식과 표리일체를 이루고 있는 제노포비어(외국인혐오)와 단호히 절연해야 한다.

그러나 그것이 무언가 완전히 새로운 것을 외부로부터 도입해야 한다는 의미는 아니다. 그것은 이미 일본의 법체계 내에 엄연히 존재하고 있는 것이다. 앞장에서 언급하였듯이 일본이 비준 또는 가입한 여러 국제인권조약은 외국국적자나 민족적 소수자의 권리를 보편적인 인권으로 존중할 것을 요구하고 있다. 또한 일본헌법의 인권조항은 원래 국적의 차별 없이 적용되어야 하는 것이다. 이를 토대로 기본적인 법제와 그 운영을 정비한다면 새로운 시대에 걸맞는 법체계를 향한 길을 열어갈 수 있을 것이다.

(1) 헌법－외국인인권기본법－인종차별철폐법 체계의 확립

입관난민법과 외국인등록법에 기반을 둔 외국국적자 관리가 기본적 인권보장보다 우선시되는 현실(입관난민법-외국인등록법 체제)을 바꾸기 위해서는 국제인권기준에 입각해 헌법을 발전적으로 해석하고, 외국국적자 또한 헌법이 보장하는 인권의 주체라는 것을 법률로 명문화할 필요가 있다. 이를 명기한 '외국인인권기본법(가칭)'을 제정할 것을 제언한다.

이와 동시에 민족차별, 인종차별을 금지하고, 이를 범죄로 규정하는 법적 수단이 필요하다. 구체적으로는 인종차별철폐조약에 근거하여 '인종차별철폐법'을 국내법으로 제정하고, '파리원칙'[9]을 지침으로 국내인권구제기관을 설치하는 것이다. 이것은 앞서 이야기한 '외국인인권기본법'의 내용에 포함된 "차별 금지와 권리침해의 피해자를 구제하는 국가의 의무"가 실효성을 가지도록 하기 위한 법제도이다(1장 제언 2-(3)과 12장 참조).

(2) 국적법의 전면 개정

현행 국적법의 혈통주의 원칙 때문에 외국인과 그 자녀가 일본국적을 얻을 수 있는 방법은 상당히 제한되어 있다.

출생에 의한 국적취득 방법으로 이전 가족제도의 잔재인 '준정(準正)' 제도(일본인 아버지, 외국인 어머니 사이의 혼외자(婚外子)가 일본국적을 얻기 위해서는 일본인 아버지의 인지(認知)와 함께 부모의 결혼이 요구된다)가 있지만, 이 제도는 혼외자에 대한 차별을 전제로 한 것이다.

출생 후 국적취득제도인 귀화제도는 원래 이름을 일본식 이름으로 변경하도록 요구하는 등 일본국적을 일본인의 민족적인 특질과 결부

---

9 1993년 12월 유엔총회에서 채택된 '국내 인권기관의 지위에 관한 원칙'. 국내인권기관은 정부로부터의 독립성, 구성의 다양성 등의 원칙을 견지해야 한다는 내용을 포함하고 있다.

시켜 제도를 운영하고 있다. 특히 구식민지 출신자와 그 자손은 전후 일본국적을 박탈당했기 때문에 현재의 3, 4세대에 이르기까지 귀화 이외에 일본국적을 얻을 수 있는 다른 방법이 없다.

또한 현행법에는 이중국적을 금지하고, 일본국적자와 외국국적자를 엄격하게 구별하는 국적관리 목적이 중시되고 있다. 반면, 사회와 국가의 보호를 받아야 할 어린이의 권리[10]는 경시되고 있다.

이 결과 현행법은 구식민지 출신자의 자손이 3, 4세대에 이르고, 새로운 이주자와 다양한 민족적 뿌리를 가진 어린이가 증가하고 있는 현실을 반영하지 못하고 있다. 국제인권제조약 위원회도 현행 국적법의 문제점을 지적한 바 있다. 현행법의 차별적 규정을 철폐하고, 사회 구성원의 민족적·문화적 배경이 다양해지고 있는 현실에 맞도록 개정해야 할 것이다(어린이의 국적에 관해서는 5장 참조).

(3) '난민인정법'의 독립 제정

현재 난민인정절차 관련법은 외국인을 관리하기 위한 법률인 '출입국관리와 난민인정법(입관난민법)'의 일부로 포함되어 있고, 법무대신의 권한 하에 있어서 사실상 '입국심사관'이 '난민조사관'을 겸하도록 되어 있다. '범법자'의 입국방지를 담당하는 출입국관리 당국이 인권과 인도적 견지에서 초법적으로 보호받아야 하는 난민심사를 겸하는 것은 무리이다.

난민조약에 충실한 난민제도가 되기 위해서는 '난민인정법'이 독

---

10 자유권규약 제24조 제3항, 자유권규약 일반적 견해 17.

립 제정되어야 한다. 난민인정법에는 난민의 적극적인 도입(도입의무), 난민인정기관의 독립성, 난민인정의 원활화, 난민의 적응 지원, 생활보장에 관련된 사항이 포함되어야 한다(9장 참조).

(4) 외국인등록법의 폐지

외국국적 거주자에 대해, 국가와 자치단체가 일본국적 주민보다 상세한 정보를 파악해서 관리, 감시할 필요는 없다. 일본국적자와 동등한 행정서비스를 받을 수 있도록 주민등록을 하는 것으로 충분하다. 따라서 '외국인의 관리'를 목적으로 하는 '외국인등록법'을 폐지하고, 외국국적 주민을 지방자치법 제10조에 따라 지방자치단체의 '주민'으로 인정하고 주민기본대장(臺帳)법에 근거해 주민등록을 하도록 법을 개정해야 한다(8장 참조).

입관난민법의 전면 개정

이미 지적하였듯이 현행 입관난민법은 역사적 맥락에서도, 일본사회의 현실에 비추어보아도, 또는 국제사회의 신뢰라는 관점에서도 전면적으로 개정할 필요가 있다.

우선 목적조항에 입관난민법이 '외국인인권기본법(가칭)' (본장 제언 1-(1) 참조)의 하위법이며 외국국적자의 인권보장을 전제로 출입국을 관리하기 위한 법이라는 점을 명기해야 한다(난민관련법을 입관난민법에서 분리시킨 후 현행법의 난민인정에 관한 목적조항은 삭제한다).

또한 현행 제도 하에서는 외국인의 입국과 체류가 모두 법무대신*의 '허가'에 의한 것이지만, 체류자격을 아래와 같이 '허가'와 '인정'에 의한 두 가지 종류로 개정하

* 大臣은 장관에 해당.

여 법무대신의 재량권 범위와 인권 기준에 의한 제한을 명확하게 해야 한다.

a. 허가에 의한 체류자격

정책실현을 목적으로 국가가 허가하는 체류자격이다. 허가 여부는 국가가 판단하지만 (노동권을 포함한) 인권보장이 고려되어야 한다. 허가에 포함되는 체류자격은 대체로 현행 입관난민법의 '별표 제1'에 열거되어 있는 자격[11]에 해당되지만, 현재 4종의 체류자격을 통합하여 '노동'의 체류자격을 신설해야 한다(본장 제언 3-(1)-②-a). 그 전제로 '단순노동은 인정하지 않는다'는 각의(閣議)*

* 내각의 장관회의.

결정을 폐지해야 한다(3장 참조).

b. 인정에 의한 체류자격

외국국적자와 이주자가 처해 있는 현실에 기반하여 그 인권을 국가가 인정하고 존중, 보호, 촉진하기 위한 체류자격이다. 이는 외국국적자와 이주자의 인권보장이 국가의 의무라는 생각에 근거한 것이다.

'인정' 행위는 난민인정절차의 원 취지에 맞도록 강한 기속력*(羈束力)을 가지고 국가의 재량권은 극히 적은(요건에 해당하는 자는 인정해야 한다) 행위여야 하며, 심사의 입증 책임은 신청하는

* 법원이 재판을 일단 공표한 후에 법원이 그 재판을 임의로 철회하거나 변경할 수 없게 되는 구속력.

---

11 외교, 공용(公用), 교육 등의 활동에 기반한 체류자격.

측과 심사하는 측이 분담해야 한다. 체류인정 요건은 헌법, 여러 국제 인권조약, 관련 국내법(노동기준법 등)에서 보장하는 권리로 '외국인 인권기본법'에 이를 예시하도록 한다(본장 제언 1-(1)-②-d 참조). 체류자격이 불허가 또는 불인정되는 경우에는, 그 구제수단으로 앞에서 말한 국내인권구제기관에 제소할 수 있는 길을 열어둠으로써 공정성을 확보해야 할 것이다.

이와 같은 근본적인 법개정에 앞서 당장 필요한 법제도의 개선도 이루어져야 한다(본장 제언 3-(2)와 제언 4 참조).

우선 출입국관리 행정 또한 다른 행정운영과 동일하게 심사기준과 표준소요기간을 공개하고, 신청거부처분이 내려졌을 경우 그 사유를 제시하는 등 공정성과 투명성이 보장되어야 한다. 이를 위해서는 행정절차법의 적용제외규정(제3조 1항 10호)이 폐지되어야 한다. 또한 불이익 처분에 대한 구제수단으로 입관난민법에 의한 심사(재판)만이 아니라 행정이의심사법에 근거한 심사청구가 가능하도록 입관난민법의 적용제외규정(제4조 1항 10호)이 폐지되어야 한다.

또한 현실에 맞지 않는 정책적 오류를 바로잡기 위해 체류자격이 없는 사람들에게 일정 조건 하에 체류자격을 부여하는 사면을 실시해야 한다. 2005년 말 현재, 19만 명이 넘는 초과체류자 중 많은 사람들이 5년에서 10년 이상 일본에 살고 있는 사람들이다. 현행법상 법무대신 권한으로 이들에게 '정주자' 등의 체류자격을 부여하더라도 사회적으로 큰 문제는 발생하지 않을 것이다. 그동안 많은 이주노동자 도

12　실시조건과 허가인원은 국가별로 차이가 있지만, 미국(1987~1988), 한국(1992), 이탈리아(1995~1997), 프랑스(1997~1998), 벨기에(2000), 스페인(2005) 등에서 사면이 실시되었다. ( )는 사면이 실시된 해.

입국이 사면조치를 실시해왔다.[12] 이는 무용지물인 법률로 인해 외국 국적자 본인뿐 아니라 입국관리 당국 또한 질 수밖에 없는 부담을 피하기 위한 현실적인 조치이다.

제 언

1. 외국인인권기본법과 인종차별철폐법의 제정

(1) 외국인인권기본법(가칭, 이하 동일)

외국국적자와 민족적 소수자의 인권보장과 다민족·다문화 공생사회 확립을 위하여 외국인인권기본법을 제정한다. 이 법률은 다음과 같은 내용을 포함하도록 한다.

① 목적

헌법 전문에 명시된 '국제사회의 명예로운 지위'와 세계 인권선언이 표방하는 자유, 평등, 박애의 정신을 구현하기 위해 일본사회의 민족차별·인종차별을 철폐하고 다민족·다문화 공생사회를 실현하는 것을 목적으로 한다.

② 요지

a. 다민족·다문화 공생사회를 선언한다.

b. 헌법의 기본적 인권은 국적, 인종, 민족, 법적 지위를 불문하고 일본에 살고 있는 모든 이들에게 보장되는 권리라는 것을 명시한다.

c. 국제인권제조약상의 권리 또한 동일함을 명시한다.

d. 노동자의 권리, 가족의 결합권, 어린이의 권리와 교육권, 사회보장의 권리, 재판을 받을 권리, 거주권 등 외국국적자와 민족적 소수자가 특히 침해 받기 쉬운 권리를 예시하고, 이를 보장하는 것을 국가의 의무로 명기한다.

e. 소수자의 권리를 존중, 보호, 촉진할 것을 명기한다.

f. 차별을 폐지하고 권리침해의 피해자를 구제하는 것을 국가의 의무로 명기한다.

g. 외국인인권기본법은 입관난민법, 외국인등록법의 상위법이라는 점을 명기한다.

h. 적절한 방법으로 선출된 외국국적자, 민족적 소수자를 포함하는 '다민족·다문화 공생사회 추진협의회(가칭)'를 설치한다.

i. 동 협의회는 정기적으로 다민족·다문화 공생사회 추진 기본계획을 작성하고 그 실행을 감시한다.

j. 각 지방자치단체 또한 동일한 협의회를 설치하여 기본계획을 작성하고 그 실행을 감시한다.

③ 입법과정

외국인인권기본법의 초안작성 시 아래의 사항을 중시하도록 한다.

a. 독립된 권한을 가진 기관에 의한 실태조사를 실시한다.

b. 정부 각 성청은 외국국적자의 상황에 관한 자료와 정

보를 공개한다.

   c. 적절한 방법으로 선출된 외국국적자를 포함한 협의회가 초안을 작성하여 외국국적자를 포함한 일반시민에게 공개하고, 의견을 수렴한다. 그 후에는 일반적인 입법절차에 맡긴다.

   d. 법이 제정된 후 위의 협의회는 전술한 ②-h 의 다민족 · 다문화 공생사회 추진협의회로 전환한다.

(2) 인종차별철폐법 제정과 제3자 기관 설치(12장 참조)

(3) 관련법

외국인인권기본법과는 별도로 관련 영역의 권리보장을 위하여 아래에 예시된 것과 같은 법률 제정을 검토한다.

   a. 민족적 소수자의 권리와 사회참여를 보장하는 법(가칭)

   b. 구식민지 출신자와 그 자손의 권리를 보장하는 법(가칭)

2. 국적법의 전면 개정

현행 국적법의 차별적 규정을 철폐하고, 일본사회 구성원이 다양해지고 있는 현실에 대응하기 위해 국적법을 근본적으로 개정한다(어린이의 국적에 관해서는 5장 참조).

① '권리로서의 국적' 명문화

② 국적취득의 출생지주의적 요소와 개인신청에 의한 국적취득의 확대

③ 국적선택제도의 폐지와 이중국적 허용

④ 준정(準正)제도 개정

⑤ '귀화' 라는 호칭을 폐지하고, '개인신청에 의한 국적취
득' 으로 변경한다. 이때, 민족명(名)이 존중되도록 적절
한 조치를 취한다.

⑥ 구식민지 출신자와 그 자손에 대한 국적취득의 특례 조
치 도입

3. 입관난민법의 전면 개정 및 제도 개정 등

외국국적자의 인권보장이라는 기본원칙 하에 입국관리국과
법무대신의 재량권을 제한한다. 또한 체류자격제도를 현실
에 맞게 개정하고, 강제력 행사 과정에서 인권침해가 발생
하지 않도록 예방조치를 명기한다. 법이 전면적으로 개정될
때까지 경과조치를 취한다.

(1) 입관난민법 전면 개정

주요 개정사항은 다음과 같이 한다.

① (목적)

입관난민법 제1조 '목적' 을 다음과 같이 수정한다.

a. 입관난민법 제1조에 인권조항을 삽입하고, '모든 사람
의 출입국에 대한 공정한 관리' 는 인권보장을 기본으
로 한 외국인인권기본법의 틀 내에서 행하는 것으로
한다.

b. 난민인정은 입관난민법과 독립된 법률(난민인정법)에
근거해 정부기관으로부터 독립한 신설기관이 담당하
도록 하고, 원래 조항에서는 삭제한다(9장 참조).

② (체류제도)

현행 입국과 체류허가제도를 '허가-인정' 제도로 전환한다.

  a. 허가자격 : 법무대신이 명확한 기준에 의해 허가하는 체류자격

    a-1. 특정업무 : 현행법 '별표 제1'의 1과 2의 일부에 해당

    a-2. 노동 : 특정업무 이외의 수입이 있는 모든 활동

    a-3. 유학·연수 : 현행 '유학', '취학', '연구' 및 엄격한 조건이 부가된 '연수'

    a-4. 단기체류 : 현행 '단기체류'에 해당

  b. 인정자격 : 이하의 조건을 만족한다고 인정되면 권리로서 부여되는 체류자격

    b-1. 영주 : 일정기간(예를 들면 3년) 이상 일본에 체류하고 있는 자

    b-2. 인권의 측면에서 인정될 수 있는 체류 : 외국인인권기본법(본장 제언 1-(1)-②-d 참조)에 예시된 권리에 근거한 체류와 '난민인정법'에 의한 인정에 근거한 체류

③ 강제퇴거과정의 인권보장을 아래와 같이 명확하게 한다.

  a. 강제퇴거 사유에 인권조항을 삽입한다. 외국인인권기본법에 예시된 권리(전항 b-2 참조)를 인정받은 자는 강제퇴거 대상에서 제외한다. 따라서 '인정자격'을 보유한 자와 그 신청 중인 자, 난민인정을 받은 자와 그 신청 중인 자는 강제퇴거 대상에서 제외한다. 인권

조항에 따라 강제퇴거 면제를 받기 위해 국내인권구
제기관(12장 참조)에 심사를 요청할 수 있다.

    b. 강제퇴거과정(수용 포함)의 인권보장을 명문화하는
동시에 관련법을 개정한다. 특히 수용요건을 엄격화,
명문화한다(10장 참조).

④ 현행법에 규정된 강제퇴거와 형사죄의 이중처벌을 폐
지한다. 이를 위해 초과체류, 자격외활동, 불법입국 등
에 대한 벌칙(현행법 제70, 71, 72, 73조)을 폐지한다.

⑤ 현행법 제23조 여권과 허가증 등의 상시휴대의무를 폐
지한다.

⑥ 현행 출입국관리 기본계획(입관난민법 제61조의 10)을
폐지한다. 출입국관리를 포함한 외국인의 지위와 처우
에 관한 시책은 외국인인권기본법에서 정한 기본계획
(본 장 제언 1-(1)-②-i 참조)에 근거해 시행한다.

(2) 경과조치

법이 전면 개정될 때까지 경과조치로써 다음과 같이 당면한
제도개선과 부분적 법개정을 행한다.

① 연수제도를 근본적으로 개정하고 기능실습제도는 폐지
한다(3장 참조).

② 국제인권제조약 위원회에 의한 권고에 따라 아래 사항
을 실시한다.

    a. 입국관리국 직원의 인권교육

    b. 입국심사 중 그리고 입국불허가 후 송환 전 외부교통

(交通)권 보장

c. 강제퇴거절차 중 '무차별 수용주의' 폐지, 외부교통권
보장, 가석방기준 공개와 인권기준 삽입(10장 참조)

d. '재입국허가' 제도 폐지

③ 심사기준에서 '일본인의 가족, 혈연' 관계를 중시하는
경향을 시정하고 아래 사항을 실시한다.

a. '정주자 고시(告示)' 개정, '입국 · 체류 심사요령' 중
'정주자' 관련 부분의 공개와 개정

b. 체류특별허가 기준의 공개와 개정

c. 심사기준에 '가족의 결합권' 과 '어린이의 권리와 교육
권' 등의 인권기준 도입

④ 1990년대 이후의 '불법입국' , '불법체류' 대책, '테러'
대책을 목적으로 한 법개정을 재검토한다. 특히, '불법
취업자 혹은 불법입국자와 관계가 있는 자' 를 처벌하는
규정을 폐지한다.

a. 불법입국(현행법 제3조) 범위를 확대한 1997년 개정법
'불법입국의 목적' 폐지

b. 1989년 개정법 '불법취업조장죄' 와 1997년 개정법
'불법입국자의 장닉(藏匿) · 은피(隱避)' 폐지

c. 1999년 개정법 '불법체류죄' 폐지

d. 강제퇴거된 후 입국거부기간을 1999년 개정법의 5년
에서 1년으로 되돌린다.

e. 2001년 개정법에 의해 신설된 입국거부사유와 강제퇴

거사유 및 심사관의 조사 권한 폐지

f. 2004년 개정법에 의해 신설된 '체류자격취소' 제도 폐지

g. 2005년 개정법에 의해 신설된 운송업자에 의한 여권 등의 확인 의무 폐지

h. 2005년 개정법에 의해 신설된 '외국 입국관리당국'에 대한 정보제공 규정 폐지

i. 2006년 개정법에 의해 신설된 입국 시 지문, 안면사진 등 생체정보제공 의무화와 '테러리스트'로 인정된 자 등에 대한 강제퇴거사유 폐지

⑤ 입국금지사유(현행법 제5조)와 강제퇴거사유(현행법 제24조)를 개정한다. 특히 차별적인 조항(전염성질환자, 정신장애자, 매춘업종사자 등에 관련된 조항)을 폐지한다.

⑥ 통보제도를 이하와 같이 개정한다.

a. 공무원의 통보의무(현행법 제62조 제2항) 폐지. 형사소송법 제239조의 통보의무보다 다른 법률에 근거한 권리구제나 사회보장, 시민등록 업무 등을 통해 획득한 정보의 비밀유지의무가 우선한다는 정부 견해를 명확하게 밝힌다.

b. 시민의 신고(현행법 제62조 제1항) 및 보상금제도(제66조) 폐지

⑦ 출입국관리업무에 대한 행정절차법의 적용제외규정(동

법 제3조 1항 10호)을 폐지한다.

⑧ 출입국관리업무에 대한 행정이의심사법의 적용제외규
정(동법 제4조 1항 10호)을 폐지한다.

⑨ 난민인정제도에 관한 조항을 아래와 같이 개정한다(9장
참조).

  a. 입국 시 임시보호제도(현행 입관난민법 제18조 2항)를
적절하게 운용하기 위한 조치를 취한다.

  b. 난민인정을 받은 자에 대한 정주자 자격의 허가 및 난
민신청자의 임시체류허가 조건(현행법 제61조의 2의
2, 一, 二 및 제61조 2의 4, 六) 중 '입국 후 6개월 이내
신청'과 '출신국에서 바로 입국한 자'라는 조항을 삭
제한다.

  c. 난민신청 중 '임시체류'를 인정받지 못한 자도 강제퇴
거(수용 포함) 적용대상에서 제외한다.

4. **사면 실시**

초과체류자인 외국국적자에게 일정 조건(예를 들면 3년 이
상 체류)이 충족될 때 '정주자' 등의 체류자격을 인정한다.

5. **입관난민법에서 난민인정법 분리하여 독립 제정(9장 참조)**

6. **외국인등록법 폐지(8장 참조)**

제2부

개별과제에 대하여

일할 권리, 일하는 자의 권리 3^장

노동력 이동의 원동력

최근의 대규모 국제이주는 세계화의 한 단면이다. 세계화 과정에서 국경을 초월한 자본의 자유로운 이윤추구를 보장하기 위한 규제완화 내지 철폐가 강압적으로 진행되고 있다. 이 과정의 지배적인 논리는 시장원리이며, 세계화로 인한 노동력의 이동 또한 시장원리에 의해 지배되고 있다. 탈규제와 시장이 확대되고 있는 한편에서 인간의 이동을 출입국관리를 통해 '규제' 하고, 단속만으로 노동시장을 통제하려는 의도는 애초부터 자기모순을 가질 수밖에 없다. 이것은 가능하지도 않을 뿐 아니라 노동자의 권리침해를 가져올 수밖에 없다.

전후 일본에는 산업의 중층적 하청구조에 의해 원청 대기업노동자와 하청 중소영세기업노동자로 분단된 노동시장의 이중구조가 형성되어왔다. 1980년대 후반의 일본경제 호황기에 노동력 부족이 생긴

곳은 이 이중구조의 하층 부분이었다. 1990년대 거품경제가 붕괴한 후에 나타난 불황기에도 비용 삭감 압력을 떠맡은 하청말단의 영세기업들은 여전히 더 싼 임금으로 고용할 수 있는 이주노동자를 필요로 하였다. 일본의 산업을 바닥에서 지탱하고 있는 금속프레스, 도장(塗裝), 플라스틱, 건설 · 철거, 항만, 식품가공, 외식산업과 성산업 등 해외이전이 불가능한 산업에서 많은 이주노동자를 필요로 하였던 것이다. 이주노동자들은 이들 산업에서 자격외체류 상태로 일하고 있다.

일본정부는 '불법취업'을 줄이고 노동력 부족을 메우려는 암묵적인 목적으로 연수기능실습제도를 실시하였고, 제3차 출입국관리 기본계획도 여전히 이 제도의 확대를 주장하고 있다. 연수기능실습제도의 명목상 목적은 '기술이전'이지만 실제로 연수생과 실습생이 일하는 곳은 개발도상국과 벌이는 경쟁에서 뒤처지고 있는 산업부문이다. 제도가 만들어진 과정을 보더라도 실제 목적이 합법성을 위장한 극단적인 저임금노동력의 도입이라는 것은 분명하다. 정부와 기업이 공모한 이러한 속임수가 이 제도의 내부 모순을 낳고 있다.

거품경제가 붕괴된 이후 노동시장의 이중구조에 새로운 국면이 전개되고 있다. 정규직 노동자가 전문직, 기술직, 관리직 엘리트층에 집중된 반면, 다른 직종의 노동자는 규제를 받지 않는 파견노동과 하청노동, 파트노동으로 대체되면서 노동조건이 악화된 것이다. 일본경영자단체연맹이 『새로운 시대의 '일본적 경영'』을 발표한 1995년경부터 시작된 이러한 경향은 1998년 노동기준법이 개정된 이후에 가속화되었다. 그러나 이미 1990년대 초반부터 닛케이 노동자가 자동차, 전기, 식품 등의 제조업 현장에서 언제든지 해고될 수 있는 노동자로 노동기준법과 사회보장법의 보호를 받지 못한 채 열악한 노동조건 하에서 일하고 있으며 정부는 이를 묵인해왔다. 이런 현실은 일본인에게

도 영향을 미쳐 프리터*(Free+Arbeiter) 등의 비정
규직 노동자가 위장 하청라인에서 닛케이 노동자
와 함께 일하고 있는 상황이다.

＊ 정규직에 취업하지 않고 아르
바이트로 생계를 유지하는 자.

　일본정부가 고급인력으로 적극적인 도입을 추진[1]하고 있는 전문
기술직 노동자의 경우에도 이런 현실은 예외가 아니어서 비정규고용
으로 노동시장의 하층 부문에서 일하는 경우가 많다. 고급 기술자로
환영 받았을 것이 분명한 인도와 중국 출신의 IT 기술자와 어학교사
대다수는 단기고용 형태로 일하고 있다. 단기고용은 계약이 갱신되지
않을 경우 곧바로 해고될 수 있으므로 노동자가 많은 불이익을 감수
할 수밖에 없다.

　일본정부가 노동력 송출국과 자유무역협정(FTA)을 체결하려는
움직임과 함께 간병노동자와 간호노동자 도입이 예상되고 있고 가사
노동자가 뒤이어 도입될 가능성도 있다. 이주노동자를 도입하기 위
한 명분과 현실 사이의 틈이 점점 더 벌어질 위험이 증가하고 있는
것이다.

　이런 상황에서는 노동 행정당국이 노동자의 권리를 보장할 수 있
는 체제를 갖추기 위해 최선을 다하는 것이 무엇보다 중요하다. 그러
나 노동감독행정과 직업안정행정은 노동자의 권리옹호가 아니라 '불
법취업 방지'에만 노력을 쏟고 있다. 노동자가 노동조합과 NGO 등
지원단체의 협력을 얻어 신고나 요청을 했을 경우에만 수동적으로 대
처하는 소극적인 자세를 취하고 있을 뿐이다.

1　법무성 「제3차 출입국관리 기본계획」, 내각 「견고한 방침(骨太の方針)」 제1장 참조.

권리옹호를 우선으로

모든 인간은 일할 권리를 가지고 있다.[2] 국제사회가 출입국 관리를 국가 고유 권한으로 인정하고 있지만 그것이 국가가 일할 권리를 자의적으로 제한할 수 있다는 의미는 아니다. 이주노동자권리조약은 체류자격 유무에 상관없이 모든 노동자에게 보장되어야 할 권리를 규정하고 있다. 일본의 노동기준법 또한 "사용자는 노동자의 국적, 신념 및 사회적 신분을 이유로 임금, 노동시간 및 기타 노동조건에서 차별적 대우를 해서는 안 된다"(제3조)라고 하여 노동자의 국적에 따른 차별을 금지하고, 체류자격에 상관없이 노동기준법을 적용하는 것을 원칙으로 하고 있다. 이를 근거로 아래의 사항들이 개선되어야 한다.

(1) 노동법 전면적용과 균등대우 실현

노동행정의 근간은 노동관계법규이며 입관난민법일 수 없다. 노동행정은 노동법규의 집행과 노동자의 권리를 지키는 노동조건 확보라는 원칙을 지켜야 한다. 이를 위해 현실에 맞지 않는 입관난민법상의 법적지위(체류자격)에 좌우되지 말고 이주노동자는 노동자라는 현실에 근거를 둔 정책을 실시해야 할 것이다.

노동기준법 등의 노동법규는 처벌규정을 구비한 강제법규이며 노동감독행정은 형사소송법상의 사법경찰권을 부여 받고 있다.[3] 노동

---

2   세계인권선언 제6조, 국제인권규약(사회권규약) 제6조, 제7조.
3   노동기준법 제102조.

감독행정의 가장 기본적인 임무는 노동법 위반행위를 바로잡고 피해자의 권리를 구제하는 것이다. 외국국적 노동자의 권리침해를 방치한다면 노동조건의 최저선이 걷잡을 수 없이 하락할 것이다. 이를 막아야 할 책임은 노동행정에게 있다.

노동행정이 역할을 다하기 위해서는 입관난민법상의 통보의무[4]가 폐지되어야 한다. 또한 이주노동자의 권리보장을 위해 현행 노동관계법령을 이주노동자에게도 전면적으로 적용하는 적극적인 정책을 실시해야 한다. 출입국관리행정 또한 관련 조치가 노동법규 및 국제인권기준과 모순되지 않도록 조정해야 한다. 그리고 이주노동자권리조약을 빠른 시일 내에 비준하고 그에 입각하여 국내법을 개정해야 한다.

노동조합과 NGO가 이주노동자의 권리옹호와 분쟁해결에서 주요한 역할을 담당하고 있고, 그 과정에서 경험이 축적되고 이주노동자의 요구가 집약되면서 이주노동자 자신의 조직화가 진행되고 있다. 따라서 행정기관은 시책이나 조치의 입안과정에서 노동조합과 NGO의 의견을 적극적으로 수렴해야 할 것이다.

(2) 여성노동자의 권리옹호(4장 참조)

여성 이주노동자는 성산업에 종사하는 비중이 높고 일본사회와 이주노동자 간의 연대가 시작된 지점도 여기였다.[5] 성산업에서 일하는 여성 또한 기업주에게 고용되어 시간적인 구속을 받으며 일하고 임금

---

4   입관난민법 제62조 2항.
5   1986년 이주노동자와의 다른 연대운동에 앞서 '여성의 집 HELP'가 발족하였다.

을 받는 노동자이다. 그러나 일본의 노동행정은 성산업의 노동자를 노동자로 인정하지 않고 있다. 그 때문에 많은 여성 이주노동자들이 사업주의 자의적인 관리 아래 강한 구속과 권리침해에 노출되어 매춘을 강요받는다.

여성 이주노동자들은 제조업(식품, 봉제, 전기 등)에도 다수 고용되어 있다. 제조업의 여성 이주노동자들은 남성보다 노동조건이 더욱 열악하고 인권침해를 당하는 경우가 더 많다. 여성 고용이 많은 가사노동의 경우에는 노동기준법 적용조차 인정되지 않고 있다. 간병노동자, 간호노동자, 가사노동자가 증가할 것이라는 예상을 염두에 둔다면 이들 영역에서 노동자의 권리옹호를 위한 노동감독행정의 확립이 더욱 중요하다.

(3) 이주노동자의 안전과 건강

이주노동자 대부분이 산재가 자주 발생하고 노동안전위생법이 잘 지켜지지 않는 건설업과 제조업의 매우 위험한 현장에서 일하고 있다. 이주노동자의 경우 특히 언어적·문화적 차이를 고려한 안전과 건강 대책이 필요하다. 그러나 직업병 및 그 대책에 대한 이주노동자들에게는 제대로 전달조차 되지 않고, 귀국한 후에 증세가 나타나거나 발병할 수 있는 가능성에 대해서도 전혀 대책이 없는 상태이다.

산재가 발생했을 때 고용주는 가능한 그 사실을 숨기려고 한다. 이주노동자 자신도 산재보상 권리에 관한 정보를 갖지 못한 경우가 많다. 따라서 산재로 인한 피해를 감수하고 있다가, 노동조합과 NGO 등 이주노동자 지원단체의 상담과 협력을 통해 처음으로 산재보험법 적용과 보상을 받는 사례가 많이 나타나고 있는 실정이다.

현장에서 일하고 있는 이주노동자는 다른 문화와 언어를 지닌 노동자이다. 따라서 안전지도의 경우에도 '당연히 알고 있을 것'이라고 전제하지 않은 적절한 방법, 기술 및 수단이 필요하다. 노동행정은 이에 대응할 수 있는 능력과 자료를 자체적으로 마련하여 고용주에게 제공하고 지도해야 한다.

(4) 보험 가입 보장

이주노동자 대다수는 법적 지위와 고용의 불안정성 때문에 고용보험, 건강보험, 후생연금에 가입하지 않고 있다. 이런 상황이 이주노동자는 국민건강보험에 가입할 수 없도록 한 정책(7장 참조)과 맞물려, 이주노동자는 어떤 의료보험에도 가입하고 있지 않은 상태를 만들어내고 있다. 산재보험은 강제가입이지만 고용보험은 가입하지 않은 경우가 많다. 후생연금의 경우에는 연금수급 연령이 될 때까지 일본에 살지 않는 이주노동자에 대한 구제책이 필요하다. 현재는 귀국 등의 이유로 연금을 해지할 경우, 과거 3년에 한해서 연금납입금 가운데 일부를 일시금으로 환불 받을 수 있지만 3년 이상 지불한 금액은 돌려받을 수 없다. 그러나 적어도 10년분에 대해서는 전액 환불 받을 수 있도록 해야 한다(본장의 제언 2 - (5) 참조).

(5) 노동조합 가입 보장

노동조합법에 따르면 이주노동자를 비롯한 모든 노동자는 노동조합 결성과 가입에 대한 권리를 가지고 있다. 그러나 실제로 이주노동자에게는 이러한 권리가 충분히 보장되지 않고 있다.

이주노동자는 노동조합에 가입할 수 있고, 노동조합을 통해 고용주와 교섭하거나, 노동위원회에 제소할 수 있다는 정보 자체를 접할 기회가 없다. 이 때문에 고용주로부터 부당한 처우를 당하더라도 상담할 상대도, 대응할 수 있는 정보도 없는 고립무원의 상태에 놓이게 된다. 이주노동자의 노동조합 가입 또한 일부 노동조합의 개별적인 노력에 맡겨져 있어서 단결권을 행사할 기회로부터 멀어지고 있다.

이런 상황을 가져온 일본 노동운동의 질도 문제지만 이에 대한 행정적 노력이 전혀 없는 것도 문제이다. 행정은 노동자의 권리를 홍보하고, 모든 종류의 소송을 언어적, 경제적으로 지원해야 한다.

(6) 개별적 분쟁처리 제도[6]의 이용

노사 간 분쟁이 발생했을 때 노동조합이 없거나 가입하지 않아 단체교섭을 통한 해결수단이 없는 노동자는 개별분쟁처리기관에 호소할 수 있다. 이주노동자 또한 체류자격에 상관없이 이 제도를 이용할 수 있어야 한다. 노동심판제도[7] 또한 이주노동자가 이용할 수 있도록 체제가 정비되어야 한다.

(7) 채용 시 국적차별 금지

외국국적을 이유로 한 채용 차별이 계속되고 있다. 그 근저에는 공

---

6 '개별 노동관련 분쟁의 해결 촉진에 관한 법률'(2001년 제정)에 의해 노동기준감독서(署)가 설치한 상담기관에 개별 노동자가 분쟁해결을 요구할 수 있는 제도.
7 '노동심판법'(2004년 제정, 2006년 시행)의 노동심판제도를 통해 민사소송에 의하지 않고도 개별 노동분쟁의 신속한 해결이 가능하게 되었다.

무원 채용에서 외국국적자를 차별하는 현실이 존재한다. 공권력 행사를 담당하는 공무원은 일본국적자여야 한다는 것이 '당연한 법리'라는 억지주장을 버리고 공무원 채용에서 차별을 폐지해야 한다. 민간기업의 경우, 채용 전의 직업알선에 대해서는 직업안정법에 의해, 채용 후의 노동조건에 대해서는 노동기준법에 의해 국적차별이 금지되고 있으므로 법률을 철저하게 지켜야 한다.

그러나 현행법상 채용 시 국적차별 금지에 대한 언급은 없다. 채용 시 국적차별을 금지하고 있는 '고용 및 직업상의 차별대우에 관한 조약'과 같은 '권고'(ILO조약 및 권고 제111호, 1958년 채택)를 빠른 시간 내에 비준하여 이러한 국적차별이 위법임을 분명히 하고, 고용주에게 이를 주지시켜야 한다.

위장된 연수기능실습제도

일본이 해외에서 기술연수생을 받아들이기 시작한 것은 1950년대 후반부터이다. 1981년 유학생의 한 형태로 연수생이라는 체류자격[8]이 만들어졌고, 1990년에는 '연수'가 독립적인 체류자격으로 분리되었다. 기능실습생제도는 1993년 연수생을 받아들이고 있던 기업의 요청에 따라 만들어진 것으로, 연수 이후에도 같은 기업에서 계속 일할 수 있도록 한 것이다.[9] 현재는 '특정 활동'이라는 체류자격으로 기능

---

8 1981년에 제정된 입관난민법의 체류자격 '4-1-6의 2'. 1999년 2월에 발표된 법무성 '지침'은 그 취지를 "우리나라의 기술, 기능 및 지식을 개발도상국에 이전시켜 해당 개발도상국의 경제발전을 담당할 '인재양성'에 기여하는 것"이라고 하고 있다.

실습생을 받아들이고 있다.

2004년 말 현재, 10년 전에 비해 연수생 수는 3배, 기능실습생 수는 약 12배 증가한 것으로 추정되고 있다.[10] 연수기능실습생의 97%는 아시아지역 출신이며 최근 여성이 증가하는 경향이 뚜렷하게 나타나고 있다. 제3차 기본계획과 경제단체의 제언은 저출산, 고령화와 인구감소 시대에 대처하기 위한 수단으로 연수기능실습제도 확대가 가장 효과적이라고 주장하고 있다.

그러나 노동조합과 NGO가 지원활동을 해온 다수의 인권침해 사례는 이 제도가 이들이 주장하는 바와 전혀 관계가 없음을 명확하게 보여주고 있다.

첫 번째 문제는 연수기능실습제도를 총괄해서 책임지는 국가기관이 없다는 것이다. 연수제도에 대한 대처는 입국관리국 소관이지만, 입국관리국은 출입국관리 측면에서만 대응하고 있을 뿐이다. 기능실습 단계에서는 노동법규에 관련된 부분에 한해서만 후생노동성이 담당한다. 재단법인 국제연수협력기구(JITCO)[11]는 연수생과 실습생들의 상담기관으로서 실질적인 역할을 수행하지 못하고 있다. 연수생과

---

9   1993년 3월, 법무성이 발표한 「기능실습제도의 기본적 틀」에서는 "연수를 통해 일정 수준 이상의 기술을 습득한 자를 대상"으로 "연수를 통해 습득한 기술 등을 더 한층 연마하여 더 높은 기술을 본국에 가지고 돌아갈 수 있도록 하기 위해서 연수 기업과 동일한 기업 등에서 고용관계 하에서 더욱 높은 수준의 기술을 습득하도록 한다"라고 하고 있다.

10   연수생 수는 1994년 17,305명에서 2004년 54,317명으로 증가하였다. 기능실습생('워킹 할리데이'를 제외한 '특정 활동' 체류자) 수는 1994년 4,911명에서 2004년 59,707명으로 증가한 것으로 추정된다. 여기에는 가사사용인, 아마추어 스포츠선수 등이 포함되어 있다. 정확한 통계가 없는 것은 출입국관리 당국이 임무를 제대로 수행하지 않았기 때문이다.

11   법무성, 외무성, 후생노동성, 경제산업성, 국토교통성 공동 관할로 1991년에 설립된 공익법인.

실습생들은 연수도입단체와 고용주가 외부와 연락을 제한하고, 본국 송출기관이 위협하기 때문에 문제를 호소하는 것조차 불가능한 경우가 많고, 연수기능실습생들의 피해와 도입단체에 의한 중간착취는 실태조차 제대로 파악되지 않고 있다.

제도운용 측면에서도 많은 문제가 지적되고 있다. 제도의 본 취지와 달리 연수생은 송출지역과 본인이 필요로 하는 기술, 기능을 습득할 수 있는 분야에서 일하고 있는 것이 아니다. 실제로 연수생의 대다수는 일본사회에서 노동력 부족이 발생하고 있는 식품가공, 적재, 굴착, 석재연마, 농작업, 봉제, 포장작업 등, 소위 3D 업종(Difficult, Dirty, Dangerous; 힘들고, 더럽고, 위험한)에서 일하고 있다. 연수생을 도입할 수 있는 직종은 공공평가 시스템을 갖추고 있는 직종에 제한되기 때문에, 기술, 기능을 습득했다고 할지라도 귀국 후 취업이 가능한 경우는 약 50% 정도에 불과한 것으로 보고되고 있다.[12]

더욱이 '연수'가 제 기능을 다하기 위해서는 일본어연수와 생활지도, 기술 등의 기본원리에 대한 교육, 안전위생교육, 견학 등 '비실무연수'가 필요하지만, 비실무연수 시간은 처음의 1/3 이상에서 1/5 이상까지 완화되어 실제로는 현장노동 성격을 띤 '실무연수'가 연수의 대부분을 차지하고 있다. 비실무연수를 거의 실시하지 않는 기업도 많다.

연수생은 표면적으로는 노동자가 아니므로 임금을 받을 수 없고, '연수수당' 명목으로 생활비를 받을 뿐이어서, 연수제도는 기업이 대단히 값싼 임금으로 젊은 노동력을 이용할 수 있는 수단으로 이용되

---

12 외국인기능실습제도연구회 편 『외국인 기능실습제도와 국제기술 이전 – 인도네시아인 연수기능실습생의 실태와 개선을 위한 제언』(2000년), 74쪽 참조.

고 있다. 노동자가 아니기 때문에 기업에 얽매이고 기숙사 생활로 거주의 자유도 빼앗긴 채 노예와 같은 상태로 폭력과 성희롱 피해가 끊이지 않고 있다.

기업 측은 이러한 '이익'을 얻기 위해, 협동조합 형태의 연수도입단체에 고액의 비용을 지불하고 '외국인 연수생을 사왔다'고 생각하는 경향이 있어서 여권을 압류하고, 외출을 제한하는 등의 인권침해가 빈번히 발생하고 있다. 제도 운영을 담당하고 있는 도입단체가 제도의 이점을 이용해서 폭리를 취한 사례도 발견되고 있다.[13]

송출국 측에도 많은 문제가 존재한다. 송출기관이 연수수당 중에서 관리비를 징수하고, 연수, 실습을 중단하거나 도중에 실종될 경우에 위약금을 물게 하며, 출국 전에 보증금을 내도록 하고, 여권을 도입기관에 맡기도록 지도하고, 강제로 예금을 보내도록 하는 등 사실상의 갈취가 행해지고 있다.

기능실습제도는 연수제도의 연장선에서 연수와 합쳐서 2~3년을 한도로 연수를 받은 기업에서 계속해서 일하도록 하는 시스템이다. 이 때문에 연수제도의 문제점이 거의 대부분 실습제도로 이어지고 있다.

이런 문제는 악질적인 고용주가 제도를 악용하고 있기 때문만이 아니라, 제도 그 자체의 위장성에서 발생한 것이다. 연수제도는 1980년대 후반부터 심화되기 시작한 노동력 부족에 대한 대책으로 단기순환이 가능한 노동력의 공급수단으로 이용되어왔다. 초기에 도입조건이

---

13 1999년, KSD(중소기업 경영자복지 사업단)에 의한 뇌물사건을 통해 산하 도입단체인 '아임자판(アイムジャパン, 중소기업 국제인재육성 사업단)'이 거액의 상납금을 지불하고 있었던 사실이 드러났다.

엄격해서 대기업만 이용할 수 있었던 불만을 무마시키기 위해 협동조합방식의 '도입단체'를 통한다면 중소기업도 이용할 수 있도록 도입조건이 완화되었다. 그리고 연수생을 더 오래 고용할 수 있도록 하기 위해서 기능실습제도가 추가로 만들어졌다. 일본정부가 고수하는 '단순노동자는 받아들이지 않겠다'는 표면상 원칙의 배후에서 제도 자체가 단순노동력을 받아들이는 위장수단으로 이용되어온 것이다.

문제는 특히 현장에서 전면적으로 드러나고 있다. 사양산업의 중소영세기업은 세계화로 인한 경쟁 압력으로 겉모양이나 위법성에 개의치 않고, 살아남기 위해 값싼 노동력을 확보하려고 몰려들고 있다. 이 점을 노린 중개업자가 '도입단체'를 가장해서 연수생을 팔아 폭리를 취하고 있는 것이다. 중개업자 사이의 과잉 경쟁으로 시급 300엔 전후까지 임금이 폭락한 예도 있다. 이런 실태는 경제단체연합회가 표방한 '기업의 사회적 책임'과 '준법정신(compliance)'[14]을 비웃는 것처럼 확산되고 있다. 제도의 구조 자체가 가지고 있는 모순으로 인해 제도가 스스로 붕괴하고 있는 것이다. 그러나 일본정부는 기능실습제도를 기본계획의 중심에 배치하고 이후 이를 더욱 확대할 것이라고 공언하고 있다.

인간의 존엄성도 꿈도 짓밟힌 연수기능실습생들이 본국으로 가지고 돌아가는 것은 기술, 기능이 아니라 적의와 원한일 것이다. 기능실습제도는 국내에서도 노동기준감독행정을 무너뜨리고 노동질서를 파괴하고 있다. '노동력'은 물건이나 기계가 아니라 '노동자'로 받아들여야 한다는 것을 분명히 인식해야 한다. 그 외에 이 제도의 왜곡된 성

14　사단법인 일본경제단체연합회 「기업행동헌장」(2004년 5월 18일), 「경영노동정책위원회 보고」(2004년 판), 65쪽 참조.

격을 바로잡을 수 있는 방법은 없다. 이주노동자를 노동자로 받아들인다면 기능실습제도의 필요성은 사라질 것이다. 기능실습제도를 폐지하고, 연수제도는 원래 취지에 걸맞는 엄격한 조건 하에 실시해야 한다.

'노동'의 체류자격 신설

모든 문제의 근원에는 노동자를 노동자로 인정하지 않고 노동자의 권리를 보장하지 않는 현실이 존재하고 있다.

'취업을 목적으로 하는 체류자격'(교육, 기술, 인문지식 · 국제업무, 기업내 전근, 기능)으로 체류 중인 외국인 수는 전체 외국국적 인구의 5%에도 미치지 못한다.[15] 정부는 이주노동자의 '도입범위를 확대'하겠다고 공언해왔지만 실제로는 당국의 기준에 적합하다고 인정되는 직종의 체류자격을 신설해서 이주노동자의 도입 명목을 세분화시켜왔을 뿐이다.

1980년대 이후 거품경제 붕괴로 인한 경기변동을 기점으로 초과체류 노동자 수는 뚜렷한 증감의 기복을 보이고 있다(1장 주2 그래프 참조). 따라서 출입국관리정책이 초과체류 노동자 수에 거의 영향을 미치지 못한다는 사실을 알 수 있다. 필요한 것은 구차한 변명이 아니라 실정에 맞는 제도정비이다. 무엇보다 '노동'의 체류자격을 신설하여 일본 기업과 고용계약을 맺는 이에게 이 자격을 인정하는 것이 우선되어야 한다. 또한 체류자격이 없더라도 일정 기간 고용된 경력이 있

---

15 2004년 말 현재 총 104,651명.

는 사람에게는 '노동' 의 체류자격을 얻을 수 있는 기회를 보장해야
한다. 일하러 오는 사람들에게 '일하는' 체류자격을 보장하는 것이
인권보장의 출발점이다.

더욱이 일본의 고용시장이 노동자의 상시고용을 피하고 비정규고
용의 흐름을 강화시키고 있는 상태에서, 이주노동자는 합법적인 체류
자격을 가지고 있더라도 노동의 비정규화에서 선두에 서게 될 가능성
이 높다. 이런 경향에 제동을 걸기 위한 올바른 대책을 세우는 것 또한
필요하다.

제 언

1. **이주노동자에게 노동법규를 전면적으로 적용하고 아래의
   기본 시책을 시행한다.**
   (1) 노동행정에서 노동기준법을 입관난민법 등 기타 국내제법
   규에 우선하여 적용한다.
   (2) 이주노동자의 고용계약, 노동조건 전반에서 국내 동종 노동
   자와 균등대우를 보장한다.
   (3) 이주노동자권리조약을 비준하고 그 규정에 미치지 못하는
   사항은 국내법을 개정한다(1장 제언 2-(2) 참조).
   (4) 노사대등원칙을 실현하기 위해 노동조합 가입을 보장한다.

2. **이주노동자에 대한 노동법규의 전면 적용을 보장하기 위**
   해 다음과 같은 구체적 시책을 실시한다.

   (1) 후생노동성은 업무상 비밀보장 의무가 입관난민법상 통보
      의무에 우선한다는 것을 명확하게 하고, 각급 기관이 이를
      철저히 준수하도록 한다.

   (2) 산업재해에 대한 손해배상에서 일본인과 균등하게 대우한다.

   (3) 노동행정기관의 창구는 다국어로 대응할 수 있는 체제를 정
      비한다.

   (4) 노동기준법 106조에 입각하여, 고용주가 노동자에게 명시
      또는 주지 의무가 있는 취업규칙, 고용통지서 등은 다국어
      견본을 작성하여, 노동자가 이해할 수 있는 언어로 제시할
      것을 의무로 한다.

   (5) 이주노동자의 사회보험, 노동보험 전면가입을 보장하기 위
      해 다음 조치를 취한다.

      ① 연금탈퇴일시금의 환불기간을 현행 3년에서 10년으로
         연장한다.

      ② 고용주에게 사회보험 및 노동보험 가입 의무를 주지시
         켜 이를 철저히 시행하도록 하며, 미가입 기업에 대한
         지도를 강화한다.

      ③ 사회보험, 노동보험 제도에 대해 다국어 안내서를 만들
         어 고용주가 이를 배포하는 것을 의무화하도록 한다.

   (6) 성산업에서 일하고 있는 여성 이주노동자에게도 노동관련
      제법규를 철저하게 적용하고, 노동자로서 마땅히 가지는 권

리를 보장한다(4장 제언 2-(3) 참조).

(7) 가사노동자를 노동법 적용 제외 대상으로 규정한 조항(제 116조 제2항의 '가사사용인')을 삭제하고, 노동기준법을 적용하도록 개정한다(4장 제언 2-(4) 참조).

(8) 이주노동자 지원활동을 하고 있는 노동조합 및 NGO와 협의하여 현실에 맞는 이주노동자 정책과 조치를 입안한다.

3. 이주노동자의 노동안전과 건강을 지키기 위해 다음과 같은 시책을 실시한다.

(1) 노동기준행정 내에 다언어·다문화 사회에 대비한 안전위생교육 체제를 정비한다.

(2) 노동안전위생에 관하여 다국어로 안전교육을 실시할 수 있는 인력을 양성하고, 자료와 교재를 마련한다.

(3) 이주노동자를 고용하고 있는 기업에 대하여, 다국어에 의한 안전위생교육을 의무화하고 이를 인적, 기술적으로 지원한다.

(4) 이주노동자를 고용하고 있는 기업은 건강진단을 철저하게 실시하도록 하는 등 노동안전위생법에 근거한 노동조건을 확보할 수 있도록 한다.

(5) 노동안전위생법에 기초하여 다국어에 의한 의료서비스를 보장한다.

(6) 귀국 후의 산재, 직업병 발증, 발병에 대한 대책을 세우고 이를 이주노동자에게 주지시킨다.

(7) 이주노동자가 취업하고 있는 기업에 안전위생위원회가 설
    치되어 있을 경우(노동안전위생법 제19조), 이주노동자의
    참가를 권장한다.

4. **이주노동자에게 통·번역과 법률적 지원을 제공한다.**
   (1) 이주노동자에게 노동자에게 보장되는 모든 권리를 다국어
       로 교육한다.
   (2) 이주노동자가 이해할 수 있는 언어로 상담이 가능한 노동상
       담창구를 설치한다.
   (3) 이주노동자가 개별노동분쟁처리기관과 노동심판제도 또는
       노동위원회와 소송을 이용하는 경우 통·번역을 행정 책임
       으로 한다.
   (4) 법률부조를 확충하여 이주노동자가 노동법상의 권리 침해
       에 관하여 소송 등에 호소하는 경우 그 비용을 지원한다.

5. **연수제도를 다음과 같이 근본적으로 시정하고, 기능실습
   제도는 폐지한다.**
   (1) 기능실습제도는 폐지한다.
   (2) 연수제도는 이하의 사항을 정비하여 근본적으로 제도를 개
       정한다.
       ① 연수는 송출지역이 기술이전을 필요로 하는 기술·기
         능 영역으로 제한한다.
       ② 연수는 아래 사항을 정비하여 근본적으로 제도를 개정

한다.

③ 연수 중 1/3 이상의 비실무연수 시간을 확보한다.

④ 연수생은 연수시간 이외의 사생활에 대한 어떤 구속도 받지 않는다.

⑤ 여권을 압수하거나 물리적 · 정신적 폭력, 성희롱 등 인권침해행위를 한 기업에 대해 연수생 도입을 중지시킨다.

⑥ 연수생의 강제 예금 및 신설된 감독기관(제언 5-(3) 참조)의 승인 없는 벌금부과를 금지한다. 출신국 송출기관에 대해서도 동일하게 적용한다.

⑦ 연수생 본인의 책임이 아닌 사유로 연수가 중단되었을 때는 연수업체 이전을 보장한다.

⑧ 연수생 도입 기업은 연수생이 요구하는 기술, 기능을 보유하고 있어야 하며, 기업규모에는 제한을 두지 않는다. 도입기관을 통한 도입은 허가하지 않는다.

(3) 연수제도를 총괄하는 정부 감독기관을 설치하여 아래 업무를 담당하도록 한다.

① 송출국 정부와 협의 하에 송출하는 측이 필요로 하는 연수와 연수처를 확정한다.

② 연수가 규정대로 행해지고 있는지 수시로 점검하여 위반사항이 있을 경우 시정 조치한다.

③ 연수에 지장이 없도록 연수생활 전반을 지원한다.

④ 연수생 대상 상담창구를 개설하여 문제 해결을 지원한다.

⑤ 연수제도에 관한 단속권을 확보하여 제도를 올바르게 운영할 수 있는 권한을 확보한다.

6. 입관난민법에 '노동'의 체류자격을 아래와 같이 신설한다.

(1) 체류자격 '노동'의 요건은 다음과 같다.

　① 국내 기업과 고용계약을 맺은 자에게는 '노동' 비자를 발급한다.

　② '노동' 비자는 유기한으로 갱신 가능하다.

　③ 현재 국내기업에 고용되어 있는 자는 '노동'의 체류자격을 인정한다.

　④ '노동'의 체류자격으로 체류하는 자는 사업장 이전과 거주지 이동의 자유를 보장받는다.

(2) 현행 입관난민법의 교육, 기술, 인문지식·국제업무, 기업내 전근, 기능의 체류자격을 폐지하고 '노동'으로 통합한다.

(3) 가사노동에 고용되어 있는 자에게도 '노동'의 체류자격을 인정한다. (4장 제언 2-(4))

(4) 일본정부는 이주노동자권리조약에 따라 책임 있는 기관을 설치하여 구인·구직 알선, 준비교육, 입국 후의 지원, 노동법의 완전적용을 책임진다.

7. 채용에서 일어나는 국적차별을 없애기 위해 다음과 같은 조치를 취한다.

(1) 채용 전 직업소개의 국적차별을 금지하고 있는 직업안정법 제3조를 체류자격에 상관없이 전면 적용한다.

(2) 채용 시 국적차별을 금지하고 있는 ILO조약 및 권고 제111호를 비준하고 이를 법제화한다.

(3) 공무원채용에서 국적조항을 철폐한다.

(4) 채용에서 일어나는 국적차별을 없애기 위해 고용주에 대한 홍보활동을 강화한다.

(5) 채용에서 일어나는 국적차별에 대한 처벌과 피해자 구제책을 확립한다.

(6) 외국국적자라는 이유로 단기고용 등 같은 직장에서 일하는 일본국적자에 비해 불리한 형태로 고용하는 것을 금지한다.

이주여성의 권리 4장

남녀의 비대칭적인 권력관계

'이주여성의 권리'는 일본사회가 요구하는 '남녀의 사회적 역할'로부터 구조적 제약을 받는 측면이 강하다. 노동시장과 가족의 권력관계에서 남녀는 불평등한 관계를 가지는 경우가 많다. 남녀공동참여사회를 지향하는 활동을 통해 그 격차가 줄어들고는 있지만, 여전히 이주여성을 향한 시선에는 '여성의 역할'에 대한 기대가 담겨 있는 경우가 많다.

일본에 살고 있는 필리핀인 등록자는 이주노동자의 입국이 제한되고 있는 중에도 20년 동안 10배나 증가하여 2003년 18만 5천 명에 이르고 있다. 그 중 83%가 여성이며, 이 여성들 중 '흥행(엔터테이너)'과 '일본인의 배우자 등'으로 등록된 이가 절반 이상이다. 이들은 남성의 파트너와 아내, 어머니의 역할 등 '여성으로서의 역할'에 대한 기대로 체류허가를 받은 것이라고 할 수 있다.

이런 배경에서 결혼생활과 성산업 노동현장에서 일어나는 인권문제가 이주여성과 관련하여 주요한 이슈로 떠오르고 있다. 우선 이를 살펴본 후 가정폭력 및 성산업의 인신매매 문제에 초점을 맞춰보고자 한다.[1]

(1) 일본인과의 결혼

지난 5년 간 결혼한 건수 중 배우자가 외국국적자인 경우가 연 3만 5천 건 이상이었다. 이 중 부인이 외국국적을 가지고 있고, 남편이 일본국적을 가진 경우가 약 80%를 차지한다.[2] 이러한 불균형적인 비율은 '가부장제'와 '성 역할'에 기초한 일본적 가족의 결합을 규범으로 한 일본인 남성의 결혼 요구와 외국국적 여성(특히 아시아 지역 출신 여성)이 일본에서 체류하고자 하는 요구가 맞아 떨어진 결과이기도 하다. 가문의 대를 잇고, 노부모를 봉양해야 할 필요 때문에 결혼이 인신매매 형태를 띠는 경우도 있다. 일본의 외국인정책은 일본인 남성의 배우자가 되는 외국국적 배우자에게는 비교적 쉽게 체류자격을 주는 경향이 있다. 그러나 외국국적 여성의 입장에서는 체류자격을 갱신할 때마다 일본인 남편의 협력이 필요하므로 항상 일본인 남편에게 종속적인 입장을 강요받게 된다. 이 때문에 체류자격이 갱신되지 않아서 초과체류자가 되는 경우도 발생하고 있다. 배우자에게는 장기적이고 안정적인 체류자격이 주어져야 한다. 사실혼 관계에 있는 사람이나 이혼한 사람 중 일본인의 자녀를 양육하고 있는 사람에 한해서

---

1   이주련 '여성에 대한 폭력' 프로젝트 편 『가정폭력과 인신매매』(이주련 북렛(ブックレット) 2, 2004년) 참조.
2   후생노동성 「인구동태통계연보」.

'정주자'의 체류자격이 주어지지만, 자녀가 없는 경우는 체류가 인정되지 않는다.

외국국적 여성의 출신국에 혼인서류를 제출했더라도 일본인 남성이 일본에서 제때 혼인서류를 제출하지 않은 경우, 여성이 일본에 입국할 수 없는 경우도 있다.

이주여성의 고립화도 문제이다. 일본인 남성과 결혼한 이주여성의 거주지는 남편이 살고 있는 지역인 경우가 많아서 출신국가의 커뮤니티에 근접한 장소를 선택하는 것이 불가능하다. 일본어를 할 수 없는 이주여성은 지역사회에서 고립되어 정착을 위한 최소한의 정보를 얻을 수 있는 수단조차 없는 상태에 처하게 된다. 게다가 일본인 남편과 가족이 출신국의 문화를 부정하고 일본 문화에 완전히 동화될 것을 요구하면 이주여성은 심각한 스트레스를 받게 된다.

(2) 노동

남성과 여성은 주로 취업하는 직종에 차이가 있다. 법무성은 체류자격과 성별을 교차시킨 통계를 제공하지 않기 때문에, 강제퇴거된 외국국적자의 직종 자료를 이용하여 간접적으로 추정해보면, 여성의 경우 1/3에서 절반 정도가 호스티스 등 '접객업'(유흥업)에 취업한다. 이것은 소위 '여성의 일'에 이주여성이 집중되어 있음을 시사하는 것이다. 다른 직종의 경우에도 '여성의 일'로 여겨지는 노동은 '집안'에서 주부에 의해 대가 없이 제공되는 경우가 많고, 동일한 노동이 시장에서 제공되더라도 전문적인 일로 인정되지 않고 임금이 낮은 경우가 많다. 예를 들면, 현재 도쿄를 중심으로 해외기업의 재일(在日)주재원(駐在員)과 재일공관(公館) 관계자에게 고용된 이주여성 가사노동자가

3,000명 이상인 것으로 추정되고 있다. 그러나 개인에게 고용된 가사노동자에게는 노동기준법이 적용되지 않기 때문에 이들 이주여성은 열악한 노동조건 하에서 일하는 경우가 많다. 임금수준은 일본의 최저임금에도 전혀 미치지 못하고, 노동시간 또한 부당하게 긴 경우가 흔하다. 그 중에는 여권을 압류당하고 임금이 체불된 상태로 계속 일하고 있는 여성도 있다. 가사노동은 가정이라는, 외부로부터 격리된 공간 내의 노동이기 때문에 고용주가 폭력적이더라도 저항하기 힘들다. 게다가 고용주가 재일공관 관계자인 경우에는 외교적 특권이 문제해결을 가로막는 경우도 있다. 필리핀과 FTA를 체결하면서 2007년부터 간호사와 간병복지사를 받아들이기로 하였고, 가정 내 간병 수요가 증가한다면 가사노동자 문제는 일본인이 고용주가 되는 경우로 확대될 가능성이 있다.

성산업에 종사하는 경우에도 체류자격이 '흥행'[3]이면 노동관계법 적용대상에서 제외되어 권리보호가 불가능하다. 특히 초과체류자의 경우에는 비합법적인 신분 때문에 고용주에 대해 절대적으로 불리한 입장에 놓이게 된다. 후술하겠지만 성산업에 종사하는 여성 대부분이 인신매매 피해자이기도 하다. 이 여성들은 근거 없는 '빚'을 담보로 여권을 압류당하는 등 브로커에게 종속되어 있다. 이 때문에 임금체불, 벌금 등의 명목으로 임금삭감, '손님과의 합석'과 '2차' 강요, 강제 성매매 등의 인권침해를 당하더라도 구제를 요청할 수 없다. 손님의 요구는 무조건 받아들이도록 강요받는 경우가 많아서 손님을 선택

---

3 입관난민법 별표 제1에는, "연극, 연예, 연주, 스포츠 등 흥행에 관계되는 활동 또는 그 외의 예능활동"을 행하는 경우로 되어 있다. 말하자면 흥행은 '엔터테이너 비자'인데, 실제로는 이주여성을 호스티스로 고용하기 위한 위장수단으로 이용되고 있다. 2006년 3월에 '흥행'에 관한 법무성령이 개정되어 그 기준이 엄격해졌다(6월 시행).

할 권리도 없고, 성매매가 강요되는 경우에도 콘돔 사용을 손님에게 요구할 수 없는 등 극단적인 인권침해를 당하고 있다.

가정폭력

1980년대 말부터 1990년대 초에 인신매매 피해자 구조를 목적으로 설립된 수도권의 쉼터는, 1995년 이후부터 가정폭력 피해자들이 이용하는 경우가 다수를 차지하게 되었다. 가정폭력 피해라는 측면에서는 일본인 여성과 문제를 공유하고 있지만, 이주여성의 경우 체류자격 문제, 지원제도에 대한 접근의 어려움, 출신지역의 문화, 사회, 경제적 배경 등의 요소가 결합되어 피해가 더욱 심각하게 나타나고 있다.

이주여성이 일본인 남성과 결혼한 경우, 체류자격은 일본인 배우자에게 종속되어 있다. 민법상 혼인신고가 끝났는데도 '일본인의 배우자 등'의 체류자격을 얻기 위한 절차에 남편이 협력하지 않아서, 결혼했지만 초과체류 상태에 처해 있는 여성이 적지 않다. 결혼하지 않은 경우, 그 자녀를 부친이 자신의 자녀로 인지하지 않아서 자녀들과 함께 체류자격이 인정되지 않는 상태에 놓이는 경우도 많다. 남편의 폭력에서 벗어나기 위해 이혼한 경우에도 일본인의 친자녀가 없는 경우에는 체류자격 변경과 갱신이 어려울 뿐 아니라 절차 또한 번잡하고 시간이 걸린다. 이 때문에 폭행을 당하더라도 남편에게서 벗어나는 것을 주저하는 여성도 적지 않다. 체류자격이 없는 경우에는 특히 문제가 심각하다. 일본인 배우자로부터 생명의 위협을 느낄 정도의 폭력을 당하고 파출소로 도망친 여성이 입관난민법 위반 현행범으로 체포된 예도 있다.

이주여성은 그렇지 않아도 언어문제 등으로 인해 공공 서비스에 접근하기 힘든 상황인데 가정폭력 피해자의 경우는 주변과 관계를 차단당하고 고립된 상태이기 때문에 지원시스템에 의한 구제를 받기가 더욱 어렵다.

현재는 당연히 공공기관이 담당해야 할 역할을 민간지원조직이 담당하고 있는 상태이다. 그러나 민간지원조직에 대한 공적 지원이 거의 없고, 민간지원조직 대부분이 회비와 기부 등 독자적인 재원으로 운영되기 때문에 재정기반이 불안정한 상태이다. '개정 가정폭력방지법'에는 "피해자의 국적, 장애 유무 등을 불문하고 그 인권을 존중해야 한다"라고 명문화되어 있다. 그 완전한 시행을 위해 각 행정기관의 시책이 강화되어야 한다.

가정폭력 피해자의 자립지원 프로그램의 경우에도, 공적 지원은 하로워크(Hello Work, 공공직업안정소) 등 기존 제도 적용이나 관계기관 소개에 그치고 있다. 그러나 이주여성의 경우 취업과 관련된 직업훈련 기회를 제공하는 등 적극적인 조치가 취해지지 않는다면 실제로 자립하는 것이 불가능하다.

성산업과 인신매매, 강제 성매매

최근에도 NGO의 쉼터에 구조를 요청하는 인신매매와 강제 성매매 피해자는 줄어들지 않고 있다. 피해자는 1980년대 이후 증가하고 있는데, 1980년대는 필리핀인과 타이인 여성이 대부분이었으나, 현재는 남미, 동유럽, 러시아 출신 여성들도 있다.

일본정부는 성산업 비중이 GNP의 1%에 상당하는데도, 성산업과 그 인권침해 상황에 대한 실태조차 조사하지 않고 있다. 일본정부가 인신매매금지의정서[4]에 비준하고, 미 국무성 보고서에서 인신매매에 대한 일본정부의 대책 지연이 지적되는 등 외압이 가해지자, 기존에 경찰과 입국관리국 단속기관에 맡겨오던 문제를 관련 성청이 협력하여 논의하게 되었다. 그러나 여전히 너무나 많은 문제가 남아 있다.

의정서 비준을 목전에 둔 2004년 12월, 일본정부는 '인신매매대책 행동계획'을 책정하였고, 2005년 7월에는 형법과 입관난민법 중 일부가 개정되었다. 인신매매에 관한 법개정의 주 내용은 '인신매매죄' 신설을 포함한 형법 개정으로, 단속 측면이 강조되고 있을 뿐 피해자 구제와 인권옹호를 위한 구체적인 방법은 그다지 보강되지 않았다. 인신매매죄가 적용되기 위해서는 구제를 요청한 이주여성이 인신매매 피해자로 인정받아야 하지만 피해자 인정 여부는 대부분 경찰 소관이다. 더욱이 피해자 인정 지침이 없어서 자의적인 판단을 피할 길이 없다. 단속 현장에서 경찰이 피해자라고 인정하지 않으면, 출입국 관리 당국이 성매매에 종사하고 있었다고 인정하는 것만으로 입관난민법이 적용되어 해당 여성은 강제퇴거를 당하게 된다.

2005년 7월 이루어진 입관난민법 일부 개정에 의해, 인신매매 피해자로 인정되면 원칙적으로 체류특별허가가 인정되어 본인 의사에 따라 귀국 또는 일시적인 체류를 선택할 수 있게 되었다. 이것은 일보전진이기는 하지만, 그 내용이 실효성을 갖기 위해서는 확실한 피해자 인정, 피해자 보호와 생활보장, 취업지원 등 구체적인 시책이 조속히 마련되어야 한다.

---

4 '인신매매, 특히 여성과 어린이의 인신매매 방지 및 금지, 처벌에 관한 의정서', 2000년 11월 유엔에서 채택, 일본은 2005년 6월 8일 국회 승인.

인신매매 피해자의 경우 HIV(AIDS)를 비롯한 여러 가지 질병을 안고 사는 여성이 대부분이다. 보호시설로 상정되어 있는 여성상담소는 원칙적으로 응급조치만을 취할 뿐 지속적인 의료서비스는 제공하지 않고 있다. '무료저가진료사업 의료기관'[5]의 경우 입원을 거절당하거나 너무 멀어서 실제로 이용이 불가능한 등 실제 수요를 충당하기에는 아직 부족한 상태이다. 정부는 2006년부터 여성상담소에 대한 지원경비 중 피해자 의료비를 보조대상으로 포함시킨다는 방침을 세웠지만, 이것으로 피해자에 대한 의료지원이 충분히 보장될 수 있을지는 여전히 미지수이다. 여성상담소는 가정폭력 피해자 보호조차 벅찬 경우가 많고, 가정폭력 피해자와는 다른 종류의 정신적 치료가 필요한 인신매매 피해자를 보호할 여유는 더더욱 없다. 현재는 여성상담소 직원이 개인적인 선의로 의료기관과 입국관리국에 동행하거나 귀국을 돕고 있다. 그러나 개인적인 선의에 의해서가 아니라 어떤 여성상담소에 보호되더라도 같은 수준의 서비스를 받을 수 있도록 제도가 보완되어야 한다. 민간 쉼터가 여성상담소를 대신해서 피해를 당한 여성을 보호하는 경우가 많지만, 정부가 지원하는 위탁비용은 실제 비용에 훨씬 못 미쳐서 민간 쉼터가 재정적으로 과도한 부담을 짊어지고 있다.

가정폭력 피해자와 마찬가지로 인신매매 피해자에게도 자립지원이 필요하다. 귀국하더라도 다시 인신매매 경로를 통해 일본으로 돌아오는 여성이 적지 않은 것이 현실이어서 귀국 후의 취업에 연계된 직업훈련이 절실하다.

---

5   '무료저가진료사업 의료기관'으로 등록하여 의료비를 지불할 수 없는 환자를 무료 또는 저가로 진료해주고 면세조치 등을 받을 수 있는 제도. 경감되는 세액보다 의료기관 부담이 큰 경우가 많아서 제도 이용에 적극적인 의료기관은 소수에 불과하다.

성산업의 이주여성은 현재로는 손해배상청구와 체불임금청구 등의 민사적 구제방법을 거의 이용할 수 없다. 이것은 일하던 가게가 단속될 경우 자격외취업 또는 '불법체류'로 강제송환되기 때문이다. '흥행' 비자를 가지고 일하는 여성의 경우 6개월 계약기간이 끝난 후 귀국할 때 공항에서 임금을 받는 경우가 많기 때문에 단속, 수용, 강제송환 절차가 체불임금을 받을 권리 행사를 방해하고 있는 것이다.

불평등을 극복하기 위하여

1980년대 이후 여성차별철폐조약[6]과 인종차별철폐조약을 국제기준으로 남성과 여성 간의 불평등을 시정하기 위한 활동이 진행되어왔다. 그러나 소수자로서 가져야 할 여성의 권리는 국제조약에서조차 명확하게 언급되고 있지 않다. 베이징 세계여성회의[7]로 대표되는 최근의 논의에서 이제 막 중요한 문제로 다루기 시작했을 따름이다.

여성차별철폐조약은 남녀평등을 기본으로 교육, 고용, 건강의료, 사회경제적 급부, 국적, 법적 능력, 투표, 결혼의 권리와 같은 여러 가지 인권을 보장하고, 모든 형태의 여성차별을 철폐하기 위해 법률의 제정, 개정, 폐지를 포함한 수단을 통해 남녀의 사회적, 문화적 사고와 역할을 수정할 것을 체결국의 의무로 부과하고 있다. 또한 베이징 행동강령은 각국 정부가 그 정치적, 경제적, 문화적 제도와 상관없이 여

---

6 '여성에 대한 모든 형태의 차별에 관한 조약', 1979년 유엔 채택, 일본은 1985년 비준.
7 1995년 9월 '제4회 세계여성회의'는 '행동강령'에서 여성이주자를 "특히 폭력을 당하기 쉬운 여성 집단"으로 규정하여, 이들에 대한 특별한 주의와 조치를 각국 정부에 촉구하고, "여성에 대한 폭력을 철폐하는 정책"으로 종합적인 일련의 조치를 제시하고 있다.

성의 인권 촉진과 보호에 책임을 지도록 하고 있다.

베이징 행동강령은 성과 생식에 관한 건강과 권리(reproductive health and rights)를 여성의 인권에 포함시키고 있다. 일본의 의료, 사회보장 정책은 체류자격에 의해 제한되지만, 모자보건에 관해서는 체류자격이 없는 외국국적자에게도 일정 정도 적용된다(7장 참조). 그러나 그 이상으로 이주여성 자신이 임신, 출산 등 여성의 성과 생식에 관한 결정권을 가지는 것을 목표로 한 종합적인 대책이 필요하다.

이주여성의 직종이 소위 '여성의 일'에 한정되고 있는 것과 관련하여, 남녀고용기회균등법이 규정하는 "여성노동자가 성별에 의해 차별되는 일 없이 모성을 존중 받으며 충실한 직장생활을 할 수 있도록" 한다는 목표가 이주여성에게도 해당될 수 있도록 해야 한다.

또한 '인신매매금지법'을 제정하여 성매매방지법 위반행위, 특히 강제 성매매를 근절할 수 있도록 브로커를 철저히 단속해야 한다. 더반 선언*이 "국가는 여성과 어린이들의 인신매매를 방지하기 위한 효과적인 조치를 취하고, 피해자 지원, 보호, 치료, 사회복귀, 회복을 위한 자원을 제공해야 한다"라고 강조하고 있는 바와 같이, 피해자 불처벌 원칙을 확립하여 피해자 구제를 우선하고, 피해자 보호와 자립 지원을 제도화해야 할 것이다.

* 2001년 남아프리카공화국 더반에서 개최된 '인종주의, 인종차별, 외국인혐오, 기타 불관용 철폐 세계대회'의 선언.

제 언

1. **가족관계에서 이주여성의 권리를 옹호하기 위해 다음 시책을 시행한다.**

    (1) 일본사회에서 가족을 형성한 이주여성에게 가족관계, 언어, 문화, 일상생활, 의료, 성과 생식에 관한 건강과 권리 등에 관한 충분한 정보와 지원을 제공하는 체제를 국가, 지방자치단체, 지역사회의 각 영역에서 확립한다. 이를 위해 이주여성의 처지를 이해하는 통역자를 양성하여 각지에서 적절한 통역서비스를 제공할 수 있는 체제를 정비한다.

    (2) 이주여성의 일본 측 가족 구성원에 대해 해당 여성의 가족관계, 문화, 언어, 사회 등에 대한 이해를 심화시키기 위한 정보제공, 상담, 지속적 지원 체제를 확립한다. 특히 관련 행정기관 직원에 대한 연수를 실시한다.

2. **노동의 영역에서 이주여성의 권리를 옹호하기 위해 다음 시책을 시행한다.**

    (1) 이주여성이 취업할 수 있는 직종의 범위를 확대하기 위한 행정적 노력을 기울인다.

    (2) '흥행'의 체류자격으로 일하는 여성이 사실상 성산업에 종사하고 있을 경우 노동자로 인정하고, 체류자격에 상관없이

노동관계법령에 따라 그 권리를 옹호하는 시책을 철저히 실시한다.

(3) 고용주가 노동관계법령에 따라 여성 이주노동자를 처우하도록 강력히 지도한다.

(4) 가사노동자에게 노동관계법령을 적용하고 이를 관계자에게 주지시켜 철저히 이행하도록 한다.

3. 이주여성의 가정폭력피해 구제를 위해 다음 시책을 시행한다.

(1) 개정 가정폭력방지법을 피해자의 국적과 체류자격에 상관없이 보호, 지원이 가능하도록 운영하고, 관계기관 및 지방자치단체 또한 이를 철저히 준수하도록 한다.

(2) 가정폭력 피해자에게 생활보호 적용, 건강보험과 국민건강보험 가입, 아동복지법 적용 등 체류자격에 의한 차별 없이 보호와 자립지원이 이루어지도록 관련법을 개선한다.

(3) 가정폭력 피해자의 경우, 입관난민법 적용보다 가정폭력방지법에 의한 피해자 보호가 우선되도록 하고, 원칙적으로 형사 · 행정 절차상의 체포, 구류, 수용을 금지한다.

(4) 가정폭력 피해자의 체류자격 갱신, 변경, 체류특별허가 절차가 가해자인 남편과 파트너의 협력 없이 이루어질 수 있도록 신청절차를 간소화하고 심사를 신속하게 행한다.

(5) 가정폭력 피해자의 이혼조정과 친권 소송에서 가정폭력 피해사실을 체류자격, 생활보호수급 유무, 취업형태 등에 우선

하여 고려한다.

(6) 가정폭력 피해자에 대한 상담, 지원, 보호활동을 하는 NGO
와 쉼터가 임시보호에 그치지 않고, 취업지원과 거처확보,
상담, 보호시설을 떠난 뒤 지속적인 케어(care) 등 자립을 위
한 모든 지원을 제공할 수 있도록 국가 및 자치단체 각 차원
에서 노력한다.

(7) 이주여성의 폭력피해에 관한 실태조사를 실시하고, 이를 국
가 및 자치단체 각 차원에서 시책에 반영한다.

4. 인신매매피해자인 이주여성의 보호와 구제를 위해 다음 시책을 시행한다.

(1) 일본정부는 빠른 시간 내에 이주여성의 인신매매, 강제 성
매매 실태를 조사한다.

(2) 실태조사에 근거하여, '인신매매금지법(가칭)' 제정 등의
입법 조치를 취하고 피해자의 인권구제와 재발방지 및 인신
매매와 강제 성매매 근절을 위한 포괄적 대책을 수립한다.

(3) 피해자 고발을 촉진시키고 피해를 구제하기 위한 체제를 정
비한다.

(4) 피해자 인정과 보호, 지원에 관한 지침을 작성하여 전국 어
디에 보호되더라도 자의적 판단에 의하지 않은 평등한 지원
이 가능하도록 제도를 정비한다.

(5) 인신매매 피해가능성이 있는 자는 피해자로 인정될 때까지
원칙적으로 형사·행정 절차상의 체포, 구류, 수용을 금지

한다.

(6) 이주여성 출신국의 국내 사정과 문화적 배경을 이해하고, 인 신매매의 피해자임을 배려할 수 있는 통역을 양성, 배치한다.

(7) 브로커 등 가해자 및 가해조직을 효과적으로 단속하고 처벌한다.

(8) 성폭력으로 정신적 치료가 필요한 인신매매 피해자의 상황을 충분히 이해하는 상담원을 양성, 배치한다.

(9) 피해자의 심신 또는 경제적 피해가 회복될 때까지 체류를 보장하고, 귀국을 원하는 피해자에게도 구제를 보장한다. 체류 중 생활보장, 의료보장, 귀국 후 사회복귀를 위한 직업훈련, 취업지원 등 자립지원제도를 확립한다.

(10) 성산업 이주여성의 보호갱생을 담당하는 정부 공무원에 대해서는 입관난민법상의 통보의무를 면제한다.

(11) 보호를 담당하는 민간지원단체의 활동이 임시보호를 위한 시설 제공에 그치지 않고 병원과 입국관리국 동행, 상담 등 폭넓은 활동을 포함하는 점을 고려하여 필요한 지원을 한다.

(12) 국내 NGO와 피해자 출신국 NGO 간의 협력을 강화하여 피해자의 구조, 보호 활동을 지원한다.

가족과 어린이의 인권 5^장

가족의 재결합과 어린이 인권의 우선적 보장

다른 민족과 문화 사이에 강력하고 직접적인 연계를 만드는 것은 국제결혼가정과 거기서 태어난 어린이들일 것이다. 이들이 다민족·다문화 공생사회의 연결고리라고 해도 과언이 아니다. 2004년, 국내에 접수된 일본국적자의 전체 결혼 건수 720,417건의 5.4%에 해당하는 39,511건이 국제결혼이었다.[1] 2004년 말 현재 일본인과 결혼한 외국국적 체류자 수는 약 17만 명으로 추정되고 있고,[2] 국제결혼가정에서 매년 2만 명이 넘는 어린이들이 태어나고 있다.[3] 이 어린이들은 일본국적을 취득하지만, 그 정체성은 여느 '일본인' 들과는 다를 것이

---

1 후생노동성 『인구동태통계연보』.
2 '일본인의 배우자 등' 의 체류자격 중 '일본인의 자녀' 의 대부분을 차지하는 남미지역의 국적 보유자를 제외한 수로부터 추정.
3 후생노동성 『인구동태통계연보』.

다. 외국국적자 간의 결혼도 증가하고 있는데 같은 나라 사람 간의 결혼뿐 아니라 일본에서 알게 된 다른 나라 사람 간의 국제결혼도 증가하고 있다. 외국인등록자 중 14세 이하 어린이 수는 2001년에 18만 명을 넘어섰다. 다양한 형태의 국제결혼가정과 여기서 태어나는 어린이들이 늘어나면서 일본사회를 구성하는 사람들의 문화와 정체성도 다양해지고 있다. 이것은 미래의 다민족·다문화 공생사회를 위한 중요한 '싹'으로, 이 싹을 받아들이고 키워가기 위한 정책이 필요하다.

'가족'과 '어린이'라는 관점에서 인권을 고려할 때 특히 중요한 것은 다음 두 가지 원칙이다.

① 가족과 그 공동생활이 우선적으로 보호되어야 하며, 가족의 의사에 반하는 이산(離散)을 강요할 수 없다(가족의 재결합권 보장).[4]
② 어린이는 부모 등 적절한 보호자의 보호 아래 안정적인 생활을 누리고, 교육을 보장받으며, 성인이 된 후에도 자신이 성장한 사회에서 기한 없이 자유롭게 활동할 수 있다(어린이의 권리 보장).[5]

이 두 가지 원칙이 국적에 상관없이 모든 사람들에게 적용될 수 있을 때 외국국적 주민과 그 주변 사람들이 안심하고 살아갈 수 있는 사회가 될 것이다. 그러나 이와 관련된 현행법과 제도는 많은 문제를 안고 있다. 그 몇 가지 예를 들어보자.

4　사회권규약 제10조, 자유권규약 제23조.
5　아동의 권리에 관한 협약 제3조, 제9조, 제10조.

(1) 체류의 보장

현행 입관난민법 하에서도 법무대신의 재량에 의한 '체류특별허가'[6]를 통해 체류자격이 없는 외국국적자가 합법적인 체류자격을 얻을 수 있다. 현재 매년 1만 명 이상이 체류특별허가를 받고 있고 그 수는 계속 증가하고 있다.[7] 그 대부분이 가족 간의 결합이 고려된 경우로 특히 다음과 같은 경우가 적용대상이 되고 있다.

① 일본인 혹은 정주외국인과 결혼하여 형성한 가정에서 함께 생활하고 있는 외국국적자와 그 자녀

② 일본인 혹은 정주외국인의 자녀와 그 보호자인 외국국적자

이것은 법무대신의 자유재량권 또한 국제인권규약의 제약을 받는다(구속성을 가진다)는 것을 의미한다. 그러나 인권에 관련된 체류 인정이 법무대신의 재량에 맡겨져서는 안 되며 법에 명시되어 그 법의 영향을 받는 구속행위가 되어야 할 것이다(2장 참조).

(2) 수형자의 체류와 가족의 결합

현행 입관난민법에는 형사범은 강제퇴거시키는 것으로 되어 있지만,[8] 국내에 가족이 있고 그 가족을 부양하는 역할을 해야 하는 사람일 경우, 복역 후 체류자격과 강제퇴거 심사는 가능한 한 가족의 이산

---

6   입관난민법 제50조.
7   연도별 체류특별허가 건수.

연도	2000	2001	2002	2003	2004
체류특별허가건수	6,930	5,306	6,995	10,327	13,239

＊ 법무성 입국관리국.

8   입관난민법 제24조 제4호.

을 피할 수 있는 방향에서 진행되어야 한다. 또한 수형자가 국내에서 성장기의 대부분을 지낸 외국국적의 '청소년'인 경우 일본사회가 사회복귀에 책임을 져야 한다.

(3) 국적이 다른 부부의 체류

현행법에서는 입관난민법 위반으로 강제퇴거되는 자는 본인의 국적국으로 송환하도록 하고 있다.[9] 이 조항은 국적이 다른 국제결혼가정의 경우 부부가 헤어질 수밖에 없다는 것을 의미한다. 자녀가 있을 경우 문제는 더욱 심각해서 부모의 어느 한쪽과 헤어지게 된다. 앞에서 서술한 두 가지 원칙에 비추어볼 때, 이런 결과를 낳도록 법이 운영되어서는 안 되며 이를 허용하는 법 자체가 있어서도 안 된다.[10]

(4) 어린이들의 체류권과 정주 지원

부모의 불안정한 체류자격은 그대로 어린이들의 체류 불안정으로 이어지게 된다. 아동의 권리에 관한 협약은 어린이의 의사에 반하여 부모로부터 분리하는 것을 금지하고 있으나,[11] 일본정부는 이 조항이 "입관난민법에 근거한 강제퇴거의 결과로 아동이 부모로부터 분리될 경우에는 적용되지 않는 것으로 해석한다"라고 해석선언을 함으로써 그 적용을 거부하고 있다. 또한 동 조약은 가족의 재결합을 목적으로

---

9   입관난민법 제53조.
10   2006년 입관난민법 개정으로 신청 시 국적국 이외 나라로 송환이 가능하도록 하는 규정이 신설되었으므로(제52조 제4호) 이를 광범위하게 적용해야 할 것이다.
11   제9조 1항.

자녀 또는 부모가 입국하거나 출국하는 경우 "적극적, 인도적 및 신속한 방법으로 대처"할 것을 조약체결국에 의무로 부과하고 있지만, 일본정부는 이 의무가 "입국심사 결과에 영향을 주지 않는다"는 해석선언으로 이 규정의 영향을 배제하고 있다. 현행 출입국관리행정이 부모와 자녀 간의 분리를 용인하고, 가족의 보호를 부인하는 근저에는 조약에 대한 이러한 불성실한 태도가 존재한다.

사법부 또한 동일한 양상으로, 최고재판소는 맥클린 판결[12]에서, 아동의 권리에 관한 협약과 국제인권규약은 "법무대신의 재량 범위에 있는 하나의 고려사항일 뿐"으로 '외국인'은 합법적인 체류자격이 있는 경우에만 권리를 가지는 것으로 판결하였다. 이 판결로 인한 제약이 하급심에서 국제조약의 이행의무를 경시하는 근거로 이용되고 있다.

일본에서 성장한 외국국적 어린이들이 장래 일본에서 체류하고 싶어 하는 것은 자연스러운 현상이다. 따라서 어린이들이 일본에서 체류하는 것이 가능하고 안정적이 되도록 최대한 노력해야 한다. 또한 외국국적 어린이들이 취학 전부터 대학 졸업까지 국적과 체류자격에 상관없이 일본국적 어린이들과 동등한 수준의 지원을 받을 수 있어야 한다. 학교교육을 받고 있는 중에는 교육받을 권리를 보장하는 의미에서 본인과 부모 또는 부모를 대신하는 양육자의 체류자격 또한 인정되어야 한다(2장, 6장 참조).

(5) 일본인 '아버지'에게 버림받은 어린이들에 대한 지원

---

12   2장 주 5 참조.

일본인 남성이 관광 등으로 잠시 해외에 체류하던 중에 현지 여성과의 사이에 아이가 생겼지만 이들을 내버려둔 채 귀국했거나, 이주여성이 일본에서, 특히 성산업 등에서 일하던 중 알게 된 일본남성의 아이를 가졌지만 귀국한 후에 출산한 경우, 아버지로부터 자녀에 대한 인지(認知)도, 양육비도 받지 못한 채 모자가 힘겨운 생활을 하고 있는 경우가 다수 존재한다. 현재 필리핀에 있는 '일본계 필리핀 국제아(Japanese Filippino Children: JFC)' 만 하더라도 수만 명에 이르는 것으로 알려져 있으며, 이후 다른 나라에서도 비슷한 경우가 다수 발생할 것으로 예상되고 있다.[13]

이런 사태는 대부분 일본인 남성의 무책임한 행동에서 비롯된 것이지만 이를 방치하고 용인하는 일본사회도 책임이 있다. 현재 현지와 국내 NGO가 연계하여 상담을 받고 있지만 모든 경우에 대처하기에는 역부족이다. 특히 정부가 주도하는 아버지 찾기, 교섭, 소송 지원 등이 필요하다.

중국잔류일본인과 그 가족

2000년 6월, 중국잔류일본인의 양자인 여성 및 그 남편과 자녀들의 체류기간 갱신이 불허가 판정을 받고, 이어서 불법체류로 단속되는 사건이 발생하였다. 같은 시기 중국잔류일본인의 '배우자의 혼인 전 자녀', 소위 '계자' (繼子, 의붓자식)의 체류자격인정증명서 교부가 거부되기도 하였다.

---

13 콤스타카 외국인과 함께 살아가는 모임 홈페이지 http://www.geocities.jp/kumstak 참조.

1990년 입관난민법 개정에 따라, 중국잔류일본인*의 가족에게는 '일본인의 배우자 등' 또는 '정주자'의 체류자격을 인정하게 되었다. '정주자'로 인정하는 가족의 범위는 '정주자 고지'[14]에 의해, 본인의 배우자의 혼인 전 자녀는 미혼의 미성년, 양자의 경우 일본에 온 당시 연령이 6세 미만인 경우로 제한되었다. 따라서 기혼이거나 성인인 배우자의 혼인 전 자녀와 6세 이상의 양자 및 그 가족은 지금까지도 체류자격인정증명서가 교부되지 않고, 체류기간갱신 허가가 나지 않거나 입국허가가 취소되고 있지만 이런 상황이 문제로 인식조차 되지 않은 채 무시되어 왔다. 그 때문에 1990년대의 운용실태는 일부 보도된 사례 이외에는 확실히 밝혀진 바가 없다. '정주자 고지'는 중국잔류일본인 2, 3세의 가족이 처한 현실이 아니라 '혈통주의'에 기반한 것이었다. 이로 인해 중국에서 오랫동안 버려진 채, '배우자의 혼인 전 자녀'나 양자가 있는 다양한 가족을 형성해온 중국잔류일본인은 귀국으로 가족과 헤어져야만 하는 아픔을 겪게 되었다.

* 2차 세계대전이 종료될 즈음 현재의 중국 동북지구(만주)에는 약 150만 명의 일본인이 거주하고 있었다. 이들 중 패전 후의 혼란 속에 일본으로 귀국하는 과정에서 사망하거나 행방불명된 사람이 많았고, 수만 명이 고아가 되었다. 일본정부는 이 고아들 중 부모가 일본인이고, 전쟁이 직접적 원인이 되어 부모가 사망하거나 부모와 이별하게 된 당시 12세 이하의 어린이를 중국잔류고아로, 13세 이상으로 자신의 의사로 중국에 남은 것으로 판단되는 여성을 중국잔류부인으로 정의한다. 1972년 중국과 일본 간의 국교 회복 후에야 일본 귀국이 가능하게 되었고, 1981년부터 신원확인을 위한 귀국이 시작되었다.

1994년 제정된 '귀국촉진자립지원법'[15]은 중국잔류일본인과 그 가족의 귀국(2, 3세에게는 도일(渡日))촉진과 귀국(來日) 후 자립 지원에 관한 법률이다. 법 제정으로 제도 적용 범위가 뚜렷하게 설정되면서 오히려 혈연이 없는 가족을 데려오는 것이 더 어려워지게 되었다.

---

14   입관난민법 제7조 2호의 규정에 따라, 법무대신이 '정주자'의 체류자격을 인정하는 자의 조건을 고지한 것.
15   '중국잔류일본인의 원활한 귀국 촉진 및 영구귀국 후의 자립 지원에 관한 법률'.

오사카에 살고 있던 W씨는 중국잔류일본인의 양자였다. 읽고 쓸 줄 모르는 양부모는 무슨 일이 있을 때마다 W씨를 의지해왔다. 중국에서 함께 살면서 W씨가 출산했을 때는 양부모가 1년 가까이 산전산후를 돌봐주는 등 부모자식 이상의 관계를 유지해왔고, W씨의 양부모는 손자를 무척 귀여워했다. W씨 가족은 1994년 일본에 왔지만, 2000년 입국관리국으로부터 일본인의 혈연이 아니라는 이유로 강제퇴거명령을 받았고, 이후 남편과 대학생인 자녀는 1년 이상이나 니시니혼(西日本)입관센터에 수용되었다. W씨 부부는 자녀의 가석방과 체류를 위해 어쩔 수 없이 소송을 취하하고 귀국하였다.

역시 오사카에서 중국잔류일본인의 '배우자의 혼인 전 자녀' 가 입국관리국의 단속을 받자 뛰어내려 자살을 시도함으로써 심각한 장애를 입은 사례도 있다.

비슷한 이유로 강제퇴거 절차를 밟을 수밖에 없었던 가족은 2001년 이후만도 8가족 26명[16]에 달한다. 2000년에 있었던 4가족 17명[17]을 더하면 밝혀진 수만도 12가족 43명이다. 이 가족들은 입국관리국에 수용되거나, 어쩔 수 없이 강제퇴거명령에 응하거나, 강제퇴거명령취소를 요구하는 장기소송 중에 있다. 현재 강제퇴거명령 취소를 요구하는 소송이 전국적으로 제기되고 있다.

중국잔류일본인의 양자와 배우자의 혼인 전 자녀의 가족을 단속하고 강제퇴거시키는 과정에는 많은 어린이들이 관련되어 있었다. 입국관리국은 행정처분과정에서 어린이들을 입관센터에 수용하거나, 학업 도중 강제퇴거시키는 등 '아동의 권리에 관한 협약' 이 명시하고

---

16 '중국잔류일본인의 양자, 계자의 가족을 지원하는 연락회' 의 질의에 대한 법무성 회답(2005년 7월 11일 현재).

17 동 연락회 조사.

있는 어린이들의 '최선의 이익', 교육받을 권리, 의견을 표명할 권리, 발전에 대한 권리 등을 고려하지 않았다. 오히려 입국관리국의 이런 행정처분을 더욱 보강하는 듯한 판례가 나오기도 하였다.

이런 상황에 일보전진을 가져온 것은 2005년 3월에 있었던 후쿠오카(福岡) 고등재판소 판결과 그에 의한 '정주자 고지'의 개정이었다.

쿠마모토(熊本)현에 살고 있던 중국잔류일본인 고아인 I씨와 중국에서 결혼한 부인 K씨에게는 배우자의 혼인 전 자녀가 있었다. 이 가족은 중국에서 함께 살았고, 당연히 일본에서도 함께 살 수 있을 것이라고 생각했다. 1996년과 1998년에 배우자의 혼인 전 자녀의 가족이 일본으로 와서 3세대의 가족이 일본에서 살고 있었다. 그러나 2001년 11월, "일본인의 친자녀로 위장하였다"는 이유로 입국관리국에 적발 단속되었고, 이어서 강제퇴거명령서가 발부되었다. 가족은 강제퇴거명령서 발부 취소를 요구하는 소송을 제기하였다. 2003년 3월 후쿠오카 지방재판소에서는 패소하였지만 2005년 3월 후쿠오카 고등재판소에서 획기적으로 승소판결이 내려졌다. 이 판결은 체류특별허가 인정 여부를 판단할 때 아동의 권리에 관한 협약을 직접 적용하지는 않았지만, 조약의 정신과 그 취지를 중요한 요소로 고려한 결과였다. "입국경위의 위법성과 체류특별허가를 인정할 수 있는 사정"을 비교해서 고려한다는 논리는 원심과 같았다. 하지만 입국경위의 위법성은 극히 중대하다고 판단되지 않는 반면, 귀국이 늦어진 원인을 제공한 일본정부의 중국잔류고아 정책의 책임과, 형식적인 혈연관계가 없더라도 실질적인 가족관계가 존재하는 점 등을 신중하게 평가하여, 법무대신의 재량권 범위를 일탈 또는 남용한 위법성이 있다고 판단, 원심을 파기하고 원고 승소로 판결한 것이다.

판결 후 법무성은 상고를 포기하고 정주자 고지를 개정[18]하였다.

개정된 고지에서는 양자와 배우자의 혼인 전 자녀라도 6세 미만인 경우 가족의 범위에 포함시키기로 하였다. 그러나 '6세 미만'이라는 조건을 삭제해야 한다는 광범한 여론이 있었지만 결국 삭제되지 않았고, 단 개별 사정을 고려할 수 있다는 조항이 추가되었다. 그러나 이것은 재량에 의한 행정이 계속되는 것을 의미하는 것이다. 혈통주의의 편견을 없애고, 가족의 결합을 우선으로 하는 입법과 법운영이 확립되어야 할 것이다.

국적을 가질 권리

세계인권선언은 국적을 가지는 것이 만인의 권리임을 밝히고 있다.[19] 또한 자유권규약은 "모든 어린이는 국적을 취득할 권리를 가진다"[20]라고 하여 특히 어린이의 국적에 대한 권리를 명기하고 있다.

다른 한편 국적은 각 국가의 관할사항으로, 일본헌법에서는 "일본 국민의 조건은 법률로 정한다"[21]라고 하여 그 규정을 국적법에 맡기고 있다. 그러나 국적이 국가의 관할사항이라는 것이 국적에 대한 만인의 권리를 국내법에 의해 자의적으로 제약할 수 있음을 의미하는 것은 아니다. 국적취득에 국제법에 의한 일정한 제약이 있는 것도 사실이지만 일본의 국적제도가 혈통주의를 기본으로 하고 있기 때문에 국적취득이 불가능한 경우가 발생하는 것은 문제가 되고 있다. 아래

---

18 2005년 9월 28일 시행 「법무성 고지 제496호」 (1990년 법무성 고지 제 132호의 일부 개정).
19 제15조 제1항.
20 제24조 제3항. 특히, '아동의 권리에 관한 협약' 제7조 참조.
21 제10조.

에서는 일본의 국적제도가 가지는 문제점, 특히 어린이들의 국적권에
관한 문제를 살펴보고자 한다.

(1) 출생신고와 관련된 문제

부모의 행방불명으로 국적취득을 위한 법적 절차가 진행되지 않았
거나, 부모의 신원이 증명되지 않았을 경우 일시적으로라도 어린이들
이 무국적 상태에 놓이게 되는 경우가 있다. 부모가 출생신고를 하지
않았거나, 모두 초과체류자여서 본국에도 출생신고를 하지 않았기 때
문에 무국적 상태가 된 어린이들도 있다. 이 경우 국적에 대한 어린이
들의 권리를 지킬 수 있는 방법이 마련되어 있지 않다.

(2) '인지'와 관련된 차별 문제

일본국적을 가진 아버지가 외국국적을 가진 어머니 사이에서 태어
난 자녀를 인지하지 않거나 방치함으로써 일본국적을 취득하지 못한
어린이들이 늘어나고 있다. 출생 후에 인지된 혼외자(婚外子)이기 때
문에 일본국적을 취득할 수 없는 경우도 적지 않다. 출생 후 인지된 혼
외자는 부모가 법적으로 결혼한 어린이(적출자(嫡出子))와 출생 전에
인지된 어린이(태아인지(胎兒認知)된 혼외자)와 달리 국적취득에서
차별을 받는다. 출생 후 인지된 혼외자는 귀화(간이(簡易)귀화)를 통
해 일본국적을 취득하거나, 부모가 결혼한 후 아버지로부터 인지를
받는, 소위 '준정(準正)'에 의한 국적취득 외에 다른 방법이 없다. 부
모의 결혼여부와 인지시기에 따라 국적취득여부를 차별하는 합당한
이유는 존재하지 않는다.

(3) 국적유보제도의 문제

해외에서 출생한 어린이들은 생후 3개월 이내에 출생신고서와 함께 국적유보 신고서를 해외 일본공관에 제출해야 한다.[22] 그러나 일본인 아버지가 모자를 어머니의 본국에 남겨둔 채 귀국한 경우를 상정하면 3개월이라는 기간은 너무 짧다. 국적 재취득은 일본에 주소지를 가지는 것이 조건으로 되어 있지만 이것이 불가능하거나, 아버지가 자신의 자녀로 인정하지 않는 경우에는 결국 일본국적을 취득할 수 없게 된다.

(4) 국적선택제도의 문제

일본국적을 취득하였지만 동시에 다른 국적이 있을 경우(이중국적)에는 의무적으로 국적을 선택해야 한다. 이것은 1984년 국적법개정 당시 도입된 제도이며, 일정기한까지 일본국적을 선택하고 외국국적을 포기한다는 의미인 선택신고서를 제출하지 않으면 일본국적이 무효가 된다.[23] 일본국적선택신고는 다른 국적을 포기할 것을 요구하고 있지만 이것은 실제로 노력의무에 불과하고[24] 국적선택을 하든 안하든 동일한 대우를 받고 있는 것이 현실이다.[25] 실속은 없고 부담만 가중시키는 이런 제도를 유지하는 것은 무의미하다.

이런 문제들을 해결하기 위해서는 국적이 어린이들의 출생과 동

22　호적법 제104조와 국적법 제12조.
23　국적법 제14조, 15조, 16조.
24　국적선택제도 도입에 대한 국회 질의 법무성 답변.
25　중의원 법무위원회 법무성 회답, 2004년 6월 2일.

시에 인정되어야 하는 기본적 인권의 하나라는 관점에서 어린이들에게 최선의 이익을 보장하는 방향으로 제도를 개선해 나갈 필요가 있다. 현재와 같은 혈통주의에 대한 편협한 고집을 버리고 장기적으로 출생지주의와 이중국적을 광범하게 인정하는 방향으로 나아가야 할 것이다.

당면해서는 국적법 제2조가 출생에 의한 국적취득을 인정하고 있는 것에 근거하여, 그 1호 및 2호(혈통주의)에 의해 국적을 취득하지 못한 자(출생 시점부터 외국국적을 취득한 자 제외)는 제3조(준정) 또는 제4조(귀화)에 의하지 않고, 일본에서 출생한 것만으로 일본국적 취득이 가능하도록 해야 한다(출생지주의에 대한 원용(援用)). 또한 아버지가 일본국적자인 혼외자의 경우도 출생 후 인지에 의해 국적을 취득할 수 있도록 해야 한다(혼외자 차별 금지).[26]

국적에 대한 권리는 기본적 인권의 하나로 본인의 동의 없이 국적이 상실되어서는 안 된다. 세계인권선언 15조 2항은 "어떤 사람도 원하지 않는데 그 국적을 빼앗겨서는 안 된다"라고 규정하고 있다. 국적에 대한 권리가 충분히 보호될 수 있도록 국적유보제도가 개정되어야 한다.

국적확인 소송을 통해 드러난 정부가 규정하는 일본인은 '정상적인 가족관계에서 태어난 어린이'를 염두에 둔 것이다. 그러나 결혼여부는 인간(부모)의 삶의 문제이며 무엇이 '정상'인지에 대해서도 의문을 던져보아야 한다. 태어난 어린이는 모두 평등한 대우를 받아야 하며 어린이들의 국적을 빼앗는 제도는 반드시 고쳐져야 한다.

---

26 독일에서는 1993년 국적법을 개정하여, 어린이가 23세가 되기 전까지 독일인 부친에게 인지되면 독일국적을 취득할 수 있도록 하였다. 프랑스, 벨기에 등도 인지에 의한 국적 취득을 인정하고 있다.

이중국적에 관해서는 국제결혼을 한 당사자와 그 자녀들의 이중국적을 당연한 것으로 인정하는 유럽국적조약이 발효되어 있으며, 선진국에서는 이중국적 허용이 추진되고 있다. 구미의 G8국가 중 일본과 독일만이 귀화에 의해 국적을 취득했을 때 원래 국적을 포기할 것을 요구하고 있다. 이중국적을 가지는 것은 한 사람의 인간이 동시에 두 나라에 대해 권리를 주장하려는 것이 아니라, 자신과 관계가 깊은 나라의 국적을 잠재적으로 가지고 있으려는 것이다. 전 세계가 '지구촌'으로 불리는 시대에 일본은 형식만 남은 국적선택제도를 계속 유지하면서 당연히 가져야 할 국적을 포기하도록 요구하고 있다. 국적을 어린이들의 당연한 권리로 인정할 수 있도록 국적법을 다시 한 번 고려해보아야 할 것이다.

제 언

(근본적인 법개정에 대해서는 2장 제언 참조)

1.　**가족의 결합을 중시한 체류자격 인정과 재입국 촉진을 위해 다음 시책을 실시한다.**

　　(1) 체류자격이 없는 외국국적자에 대한 체류특별허가 운영이 가족 간의 결합을 중시하는 방향에서 강한 기속력(羈束力)을 가지도록 한다. 이를 위해 허가에 필요한 조건을 공개하고

조건 충족 여부에 대한 행정기관의 재량의 여지를 없앤다.
단, 신청 후의 상황 변화가 고려되어야 할 것이다.

(2) 가족의 결합을 존중할 목적으로 부여된 체류자격은 국내 활
동(취업)에 제한이 없는 것으로 한다.

(3) 가족의 결합을 위한 체류특별허가 심사는 각 지방 입국관리
국 산하 출장소에서 할 수 있도록 하고, 심사기간은 신청 이
후 3개월을 상한으로 특별한 이유가 있을 경우에만 연장할
수 있도록 한다.

(4) 일본에 가족이 있는 외국국적자에 대한 강제퇴거 집행 시에
는 출국명령제도(재입국 금지 1년)를 적용할 수 있도록 한다.

(5) 강제퇴거된 자가 가족과 재결합하기 위해 일본으로 재입국
할 필요가 있을 경우에는 재입국 거부기간 중이라도 입국을
허가한다.

(6) 일본에 정주하는 가족이 있는 외국국적 수형자는 가석방 시
와 복역종료 후 일본사회에 복귀하는 것을 원칙으로 한다.

(7) 영주자 등 기한이 없는 체류자격을 가진 외국국적자에 대해
서는 징역 또는 금고 1년 이상의 실형을 받았다는 이유로 강
제퇴거당할 수 없도록 한다.

2. **일본에서 성장하는 외국국적 어린이들의 정주 지원을 위
해 다음 시책을 실시한다.**

(1) 국내 소학교, 중학교, 고등학교와 그에 준하는 초·중등 교
육기관에서 1년 이상 교육을 받고 있는 외국국적 어린이, 학

생 및 그 부모 또는 양육자에게는 체류특별허가를 인정한다.

(2) 일본인 또는 정주 외국인인 아버지로부터 국내법에 근거한 인지를 받지 못했으나 현재 소송 중인 자와 그 모친 또는 양육자에게는 체류특별허가를 인정한다.

(3) 청소년에 대해서는 비행(非行)과 형사처벌을 이유로 한 강제퇴거처분을 금지한다.

3. **중국잔류일본인 가족의 결합을 보장하기 위해 다음 조치를 취한다.**

(1) 정주자 고지(496호)에서 잔류일본인과 동거 또는 그 부양을 받고 있는 '6세 미만'을 '18세 미만'으로 수정한다.

(2) 가족의 현실적 상태를 존중할 것을 고지에 명시한다.

(3) 아동의 권리에 관한 협약에 대한 해석선언과 유보를 철회한다(1장 참조).

4. **일본인 아버지에게 버림받은 어린이들의 권리 회복과 성장 지원을 위해 다음 조치를 취한다.**

(1) 정부의 책임 하에 현지 및 국내에 상담센터를 설치하여 아버지 찾기와 교섭을 지원한다.

(2) 어린이와 그 어머니 또는 양육자나 대리인이 아버지 찾기, 교섭, 소송을 위해 입국, 체류할 필요가 있을 때는 지체 없이 입국과 체류특별허가를 인정한다.

(3) 어린이 또는 그 대리인이 일본인 아버지에 대해 인지와 양

육비 청구소송을 제기한 경우에는 그 비용을 지원한다(11장 참조).

(4) 아버지를 찾지 못한 경우 혹은 아버지에게 보장능력이 없을 경우에는 국가가 책임지고 생계를 보조하고 장학금을 지급한다.

(5) 지원 NGO와 협력하여 위의 사항을 실행한다.

5. 국적을 취득할 수 없는 어린이들이 존재하지 않도록 다음 시책을 실시한다.

(1) 일본에서 태어났지만 출생 시 외국국적을 취득하지 않았고, 국적법 제2조 1호 및 2호에 의해 일본국적을 취득하지 못한 자에 대해서는 출생에 의한 국적취득을 인정한다(3호 개정).

(2) 출생 전후 인지 여부에 상관없이 아버지가 일본국적자인 어린이는 일정 연령(예를 들면 성인의 연령)에 달하기 전에 아버지의 인지에 의해 일본국적을 취득할 수 있도록 한다(국적법 3조 폐지).

(3) 개인 신청에 의한 국적취득요건 중 현재 '20세 이상'(국적법 제5조 제1항 제2호)을 '14세 이상'(형사책임 연령)으로 개정한다.

(4) 현행 국적법 12조(국적유보 신고) 및 그와 관련된 제17조(제12조에 의해 상실한 국적의 재취득)는 폐지한다.

(5) 국적선택제도(국적법 제14조~제16조)를 폐지하고 이중국적을 인정한다(2장 제언 2 - (3)).

어린이의 교육 6^장

외국에서 이주한 어린이들

1990년대 이후 이주노동자인 부모를 따라 일본으로 오는 취학 연령 어린이들이 증가하고 있고, 정주화가 진행되면서 일본에서 태어난 이주자 어린이들 중 많은 수가 취학 연령에 이르고 있다.[1] 그러나 이 어린이들에 대한 교육적 배려는 거의 없는 상태이다. 문부과학성 지도요령에 일관되게 드러나는 관점은 이 어린이들을 '어떻게 일본인으로 만들까' 라는 것이다. 어떻게 하면 국적이 다른 어린이가 교육을 통해 자아를 실현하고 교육권을 보장받을 수 있을지는 고려되지 않고 있으며, 이주자 어린이에 대한 총체적인 교육방침도 책정되어 있지 않다. 또한 특정 이주자 어린이들은 공교육에서도 배제되고 있다. 이

---

1   2004년 말 현재 브라질 및 페루 국적의 소학교와 중학교 상당의 어린이들(5세 ~ 14세) 수는 32,566명으로, 1996년 말의 16,427명에서 거의 두 배로 증가하였다(법무성 「외국인등록자통계」).

는 국제조약을 위반하고 있는 것이다.

외국에서 이주한 어린이들이 일본국적을 가지고 있는 경우에도 교육 기회를 충분히 보장받지 못하고 공교육에서 주변적인 존재로 취급되고 있다. 따라서 문제가 되는 것은 체류자격이나 국적만이 아니라 교육현장의 뿌리 깊은 타문화 배제, 인종·민족 차별임을 알 수 있다. 일본은 이미 본격적인 다민족사회로 이행하고 있는 중이다. 사회 변화가 가장 먼저 반영되는 곳은 어린이들이 다니는 학교이다. 최근 몇 년간 다문화공생이라는 말을 자주 듣게 되었지만 교육현장에는 일본인 학생과 외국인 학생 간의 불평등을 재생산하는 제도와 구조가 여전히 남아 있다.

본 장에서는 폐쇄적인 현재의 학교를 개혁, 개방하여 다문화를 지닌 어린이들의 자기실현과 사회적 통합의 장으로 만들 수 있도록 하기 위한 정책을 고민해보고자 한다.

체류자격이 없는 어린이들의 교육받을 권리

체류자격이나 국적이 없는 어린이가 일본 학교에 입학을 원하는 경우, 그 대응은 각 자치단체에 따라 다르다. 체류자격 확보를 독촉하면서도 입학을 허가하는 자치단체가 있는 반면, 전혀 허가하지 않는 자치단체도 있다. 같은 현 내에서도 자치단체에 따라 기준이 다른 경우도 드물지 않다.

문부과학성은 「취학 핸드북」에서 "국적이나 체류자격은 입학요건이 아니다"라는 기준을 제시하였다. 그러나 학교에 다니는 이주자 어린이들 중 많은 수가 체류자격 때문에 본국으로 송환되는 사례가 지속적으로 발생하고 있다.

'아동의 권리에 관한 협약'은 모든 취학 연령 어린이들이 교육받을 권리가 있음을 인정하고 있다. 일본이 아직 비준하지 않고 있는 '이주노동자권리조약'은 여기서 한걸음 더 나아가 체류자격이 없는 이주자 어린이들 또한 교육 받을 권리가 있음을 명기하고 있다.

'아동의 권리에 관한 협약' 제28조 a는 "초등교육은 의무적이며, 모든 이들에게 무료로 제공해야 한다"라고 규정하고 있다. 따라서 일본정부는 자치단체가 체류자격 유무에 상관없이 미취학어린이의 취학에 적극적인 노력을 기울이도록 해야 한다. 또한 자치단체는 입학과 관련된 절차가 모어(母語)로 진행될 수 있도록 배려하는 등 언어, 문화의 차이에서 오는 차별을 없앨 수 있도록 관련 체제를 정비해야 한다.

이 점에 대해서는, 인종차별철폐위원회의 최종견해 제15항[2]에서도 "위원회는 소학교(초등학교)와 중학교 교육이 일본에 거주하는 외국국적 어린이에게는 의무교육이 되고 있지 않은 점에 주목하고 있다. (중략)… 체약국에 대해 제5조(e)[3]가 정한 제반 관련 권리를 인종이나 피부색 또는 민족적 출신에 의한 구별 없이 보장하도록 할 것을 권고한다"라고 지적하였다. 외국국적 어린이가 소·중학교 교육을 받을 권리를 보장하는 것은 국제조약이 국가에 대해 부과하는 의무이다.

학교에 다니는 어린이를 강제퇴거시키는 것은 국제조약과 양식을 짓밟는 행위이다. 입관난민법의 기계적인 적용을 중단하고 이주자 어

---

2   2001년 3월.
3   차별금지 및 법 앞의 평등 보장을 위한 교육 및 훈련을 받을 권리 등에 대한 규정.

린이들에게서 교육의 기회를 빼앗지 않도록 신중하고 실효성 있는 정책을 실시해야 할 것이다.

이주자 어린이에 대한 적응 지도

문부과학성은 일본에 온 어린이들이 일본 학교에 입학하는 경우 어린이의 상황에 따라 유연하게 편입학년을 결정하도록 지도하고 있다. 그러나 각 자치단체의 교육위원회는 연령만을 기준으로 편입학년을 결정하는 경향이 강하다. 예를 들면 요코하마(横浜)시 교육위원회는 2002년 4월 "원칙적으로 연령에 의해 학년을 결정"하라고 통지(通知)하였다.

일본어 교육을 필요로 하는 어린이가 5명 이상인 초·중학교에서는 국제교실에서 일본어 교육을 받을 수 있지만 실제로 일본어 지도가 필요한 어린이의 약 80%는 5명 이하인 학교에 다니고 있어서 일본어 교육을 받을 수 없는 상태이다.

일본어 교육이 실시되고 있는 학교에서도 충분한 지도를 기대하기는 힘들다. 일본어 교육 담당자의 지위가 낮고 고용조건이 불안정한 경우가 많고, 일본어 교육 교재나 교육 방법도 충분히 정비되어 있지 않다. 일본어를 제대로 이해하지 못하는 어린이는 당연히 교과교육에서도 큰 어려움을 겪고 있다. 불충분한 교육조건은 어린이들의 학습 능력을 떨어뜨리고, 그 결과 많은 이주자 어린이가 일본사회와 교육 제도에 적응하지 못하고 학교에서 이탈하고 있다.

일본인 학생의 90%가 고등학교에 진학하는 반면, 이주자 어린이의 고교 입학률은 50%에도 미치지 못한다. 아이치(愛知)현과 같이 이주자 어린이의 고교 진학률이 10%에도 미치지 못하는 경우도 있다.[4] 문부과학성은 고교입시 수험생 수가 합격정원에 미달하는 경우에도 성적이 부진하면 불합격(정원 내 불합격)시키도록 하고 있다. "수업을 받을 능력이 없는 불행한 학생이 나오지 않도록 하기 위한 것"이 목적이라지만 이런 '배려'가 일본어 능력이 뒤처지는 이주자 학생의 고교 진학 권리를 침해하는 역할을 하고 있다.

언어능력은 사람마다 큰 차이가 있고, 학업의 성취도는 언어습득 정도에 크게 좌우된다. 단순히 이주자 어린이의 연령으로 학년을 구분하는 데는 어떠한 객관적, 합리적 근거도 없다. 이주자 어린이에게 일본어는 일본사회에 적응하기 위한 필수불가결한 도구이다. 현재와 같은 연령별 학년제로는 제대로 된 일본어 교육이 거의 불가능하다고 해도 과언이 아니다.

문부과학성이 2001년부터 개발하기 시작한 '제2언어로서의 일본어(JSL)' 교과과정은 연령별 학년제를 전제로, 얼마 되지 않는 수업시간에 일본어를 교육하려 하고 있다. 연령이 아니라 일본어 능력에 맞추어 학급을 편성하고, 일본어 지도를 담당할 교사를 확보해야 한다.

이주자가 일본어 능력이 떨어져서 고등교육을 받을 기회를 얻지 못하고, 결과적으로 사회적, 경제적으로 낮은 지위에 놓일 수밖에 없는 사회가 되어서는 안 될 것이다. 이주자 어린이들은 일본의 학교에서 배울 권리를 가지고 있다. 정부와 학교는 이주자 어린이들이 일본의 학교에서 배울 수 있는 환경을 정비하여 학생으로 받아들여야 한다.

---

4 2004년 현재, '일본어 지도를 필요로 하는 외국국적 어린이와 학생' 수는 아이치현의 중학교에 691명으로 전국 (5,097명)의 13.6%를 차지한다. 그러나 고교재적 학생수는 63명으로 같은 현에 있는 중학교에 재적하는 학생수의 9.1%에 지나지 않는다(문부과학성 조사에 의함).

이주자 어린이들의 모어(母語)와 모문화(母文化) 보장

이주자 어린이가 점차 일본사회에 적응하는 동시에 자신들의 모어를 잊어버리게 되는 경우가 많다. 이는 가정에서 대화에 사용하는 어휘가 한정되어 있고 작문기회가 적은 것과 함께 일본사회로부터 받는 유형무형의 동화(同化) 압력 때문이다. 일본사회에 대한 적응 정도, 일본에 왔을 당시의 연령, 교육 경력에 따라 모어를 잊어버리는 동시에 일본어도 제대로 습득하지 못하는 경우도 드물지 않다. 세미링걸(セミリンガル; semilingual)이라고 불리는 이런 어린이들은 추상적인 사고와 교과교육에 어려움을 가지게 되고, 어떤 언어로도 충분히 사고하고, 이해하고, 자신을 표현하는 것이 불가능하게 되어버린다. 일반적으로 일본에 체류한 시간이 길수록 모어를 잊어버리거나 세미링걸화될 위험성이 높아진다. 모어교육은 모어 습득이 외국어교육에도 도움이 된다는 점에서도 중요하다.

모어로 말할 수 없는 어린이는 부모와 충분한 의사소통이 불가능하기 때문에 부모와 모국에 대해 심리적 거리감을 가지게 된다. 모국보다는 일본에 살기를 원하면서 모문화에 대한 흥미와 관심도 옅어진다. 그렇지만 일본사회에 적응하는 데도 한계가 있어서 결국 자신의 정체성을 잃어버리게 되는 경향이 있다. 그 중에는 심리적인 공황상태에 빠져 비행을 되풀이하는 어린이도 있다.

보호자가 다시 일본에 돌아오지 않을 생각을 가지고 귀국했지만 본국에서 재출발하는 데 실패하고 어린이와 함께 일본으로 돌아오는 경우가 자주 발생하고 있다. 이런 어린이들 가운데 다수는 모어와 모문화를 상실하여 본국 학교에 적응하지 못하고, 다시 일본에 온 후에도 일본어능력 부족으로 일본 학교에도 제대로 적응하지 못하는 국제적인 경계아(境界兒)가 되어버린다.

일본에 이주하는 어린이들은 자신의 의사로 일본에 오겠다고 결정한 것이 아니라 보호자가 데리고 온 것이다. 이미 인격이 완성되고 분명한 경제적 목적을 가진 보호자와는 달리, 취학연령인 어린이들은 인격이 형성되고 언어를 습득하는 중요한 시기를 보내고 있다. 이 시기에 생활습관과 언어가 완전히 다른 나라로 이주하는 것이 얼마나 큰 시련이 될 것인지를 항상 염두에 두어야 할 것이다.

자신과 다른 존재에게 관용적이지 못한 일본사회에서 대부분의 이주자 어린이는 외국출신이라는 이유로 일본인 학생들에게 멸시당하거나 교사에게 소외당한 경험을 가지고 있다. 이들 어린이에게 모어와 모문화가 심리적 상처와 같은 역할을 하는 경우도 적지 않다. 이주자 어린이들이 자신의 출신을 부끄러워하지 않고 오히려 다문화의 배경을 지닌 것을 자랑스럽게 생각할 수 있도록 일본의 학교교육 내에서 모어와 모문화 교육을 보장해야 한다.

민족학교와 외국인학교의 제도적 보장

다민족·다문화 공생을 지향하는 사회라면 다른 문화를 지닌 사람들이 자신의 정체성의 근거가 되는 문화와 언어를 다음 세대에 전달할 수 있도록 민족학교와 외국인학교를 가질 권리를 인정해야 할 것이다. 일본정부는 패전 후 일본에 남게 된 재일조선인이 민족의 언어와 문화를 되찾기 위해 전국 각지에 설립한 민족학교를 탄압, 폐쇄하고[5] 각종학교[6]로도 인정하지 않는 방침을 고수해 왔다.[7]

정부방침과는 달리 1970년 전후부터 지방자치단체가 조선학교 및 한국학교, 중화학교를 각종학교로 인가하려 하고 있지만, 정부방침은 지금까지 기본적으로 변화가 없다. 정부의 이런 방침이 이미 수많은 외국국적 주민과 함께 살고 있는 일본사회의 학교교육에 심각한 왜곡을 초래하고 있다.

현재 일본에는 조선학교가 약 100개교, 한국학교와 중화학교가 수개교, 인도인 학교 등의 내셔널 스쿨이나 인터내셔널 스쿨이 수십 개교 존재하고 있다. 1990년대 이후에는 군마(群馬)현, 시즈오카(靜岡)현, 아이치(愛知)현, 미에(三重)현, 기후(岐阜)현 등, 브라질인과 페루인이 많이 살고 있는 지역에 70개교 이상의 브라질인 학교와 수개교의 페루인 학교가 설립되었다. 수만 명의 어린이들이 이들 민족학교와 외국인학교에 다니고 있다. 근 100년의 역사를 지닌 중화학교나 반세기의 격동을 헤쳐온 조선학교와는 달리 브라질인 학교나 페루인 학교는 시설이나 교원 수 등의 조건을 갖추지 못해서 각종학교나 학교법인으로 인정받지 못한 때문에 정부나 자치단체의 보조를 전혀 받지 못하고 있다. 그 결과 이들 학교에 다니고자 하는 어린이들은 경제적으로도 무거운 부담을 지게 됨으로써 학교에서 배울 기회를 빼앗기는 경우가 많다. 교육은 다음 세대의 건전한 육성을 목적으로 하는 것이므로 교육 기회가 균등하게 주어지지 않는 상황은 일본사회의 미래를 위해서도 바람직하지 않은 결과를 낳을 수 있다.

일본정부는 모든 어린이들의 교육권을 보장하기 위해 폐쇄적인 교

---

5   1948년 및 1949년의 조선학교 폐쇄령. 모로오카 야스코(師岡康子), 「외국인, 민족적 소수자의 교육권을 실현하자」 『RAIK 통신』 No. 93(2005년 10월) 참조.
6   학교교육법 제83조에 규정된 교육시설 중 자동차교습소 등이 이에 해당한다. 민족학교는 동법 제1조의 정규학교(1조교)는 물론 82조의 전수(專修)학교로도 인정받지 못하고 있다.
7   1965년 문부차관통지.

육정책을 근본적으로 개혁하고, "국가는 …… 소수자가 자신의 모어를 배우고, 모어로 교육을 받을 수 있는 충분한 기회를 가질 수 있도록 적절한 조치를 취해야 한다"[8]라는 의무를 다해야 할 것이다. 이를 위해서는 민족학교와 외국인학교에 다니는 어린이가 일본의 공립학교에 다니는 어린이와 같은 교육환경을 누릴 수 있도록 제도, 정책, 예산상의 개선이 이루어져야 한다.

2005년, 시즈오카(静岡)현 하마마쯔(浜松)시에 있는 페루인 학교가 처음으로 각종학교로 인가 받아 자치단체로부터 보조를 받을 수 있게 되었지만 제도 전반에 걸친 문제는 여전히 해결되지 않은 채 남아 있다.

국제결혼가정의 자녀들

국제결혼가정과 그 자녀들이 증가하고 있는 것은 일본사회가 다민족·다문화 공생사회로 이행하고 있음을 의미하는 것이다(5장 참조). 그러나 여전히 다른 문화를 배제하는 경향이 강한 일본사회는 이들에게 무거운 부담을 지우고 있다.

2004년, 부부 중 한쪽이 외국국적자인 혼인건수 중 부인이 외국국적인 경우가 약 80%로 압도적인 비중을 차지하고 있다.[9] 외국국적 부

---

8 '소수자의 권리선언' 제4조 3항(1992년 유엔결의 47/135).
9 국제결혼의 배우자 국적별 비교

	건	%
국제결혼	39,511	100.0
남편 일본국적, 부인 외국국적	30,907	78.2
부인 일본국적, 남편 외국국적	8,604	21.7

＊ 후생노동성 「인구동태통계연보」(2004년).

인의 약 90%는 아시아 지역 국적 소유자이다(중국 38.6%, 필리핀 27.2%, 한국·조선 18.5% 등). 이것은 일본사회의 남성과 여성, 일본 국적자와 외국국적자, 특히 아시아 출신자가 비대칭적인 관계(여성에 대한 멸시와 아시아에 대한 멸시)를 맺고 있음을 반영하는 것이다. 국제결혼한 부부는 이런 비대칭적인 관계에서 만나 결혼 후에도 이 관계가 부부 관계를 규정하는 경우가 적지 않다.

외국국적 부모를 가진 어린이들은 부모의 지위를 낮게 평가하는 사회 환경에 직면하게 된다. 외국국적 부모의 언어와 문화는 일본사회에서 살아가는 과정에서 필요 없는 것, 버려야 할 것으로 생각하도록 억압하는 분위기는 어린이들이 부모의 출신을 부끄럽게 여기도록 유도한다. 이것은 어린이들의 정체성 형성에 커다란 장해가 될 수 있다.

어린이들의 교육에 대해 일본인 아버지가 외국국적 어머니에게 비협력적이거나 억압적인 태도를 취하는 경우도 많다. 어린이들의 교육을 어머니의 역할로 여기는 경향이 강한 일본사회에서 아버지의 이런 태도는 외국국적 어머니를 더욱 힘들게 한다.

학교가 국제결혼가정을 특별히 고려(학교문서 번역, 면담 시 통역확보 등)해야 되는 측면이 있지만, 아버지가 일본국적(이 경우 어린이는 일본 성을 가진다)이라는 이유로 이를 무시함으로써 실제로 필요한 정보를 충분히 제공하지 않는 경우도 많다. 결과적으로 학교와 학부모 간에 의사소통이 부족하게 되고, 고교진학 등의 기회에서 불리한 대우를 받게 되는 예도 발생한다.

국제결혼가정의 어린이들, 특히 외국국적 어머니를 가진 어린이들에 대해서는 외국국적 가족의 경우와 마찬가지로 특별한 배려와 시책이 필요하며, 부모 중 한쪽이 외국국적자인 어린이들이 다문화의 환경을 유지할 수 있도록 배려해야 할 것이다.

이주자 어린이들에 대한 편견을 없애기 위하여

일본헌법에 마치 일본인 보호자만 교육의 의무를 지는 것처럼 되어 있고, 이주자 어린이의 취학은 희망자에 한정되어 있다는 이유로, 일본국적이 아닌 어린이들이 일본 학교에서 배우는 것이 반드시 보장되어야 할 권리라고 볼 수는 없다고 생각하는 교사도 다수 존재한다. 학교의 국제화는 대도시권뿐 아니라 지방에서도 빠르게 진행되고 있는데 이런 논리는 지방도시에 특히 뿌리를 깊게 내리고 있다. 2003년 2월, 외무성 주최로 도쿄에서 개최된 '재일브라질인과 관련된 문제에 관한 심포지엄'에서, 재일브라질인 학교협회 회장은 취학 연령인 재일브라질인 청소년 가운데 약 40%가 어떤 학교에도 다니지 않는다고 보고했다. 학교에 다니는 경우에도 이주자 어린이는 무시되거나 방치되는 경우가 많다.

학교교육 자체가 학생을 기존 틀에 끼워 맞추려는 측면이 있지만, 이주자 어린이들에게는 일본사회의 동화압력이 특히 강하다. 재일코리언 학생의 80% 이상이 일본이름을 쓰고 있는 것은 이미 잘 알려져 있는 사실이지만 이주자 학생의 경우에도 일본이름을 사용하는 경우가 적지 않다. 그렇게 하는 것이 주위에 있는 일본인에게 받아들여지기 쉽기 때문이다.

많은 교사들은 이주자 어린이가 일본인이 되는 것이 일본사회에 적응하는 지름길이며 본인들에게도 바람직하다고 믿고 있다. 그런 교사들은 '선의'에서 이주자 어린이의 출신을 일본인 학생에게 숨기기도 한다. 최근에는 인종적 편견을 가진 교사가 외국국적 어린이와 학생을 학대하는 사건이 자주 발생하고 있다.

차별은 차별당하는 사람의 마음에 상처를 입힐 뿐 아니라 상처를 주는 사람의 정신에도 해를 끼친다. 부모와 교사가 외국국적 어린이를 공정하게 대하지 않는 것을 보고 자란 일본인 어린이들은, 타인에 대한 관심과 관용을 가지지 못하고 국제화되고 있는 일본사회에서 살아나갈 능력을 기를 수 없게 될 것이다.

학교도 사회도 외국국적 주민에 대한 뿌리 깊은 편견에 젖어 있다. '외국인'에 대한 편견에 가득 찬 경찰의 통계발표와 의도적으로 그것을 그대로 전달하는 언론의 태도는 많은 일본인이 '외국인'을 흉악범죄와 결부시켜 생각하도록 만들고 있다.

학교와 사회의 밀접한 연계 없이는 이주자 어린이들이 학교와 사회에서 제대로 자리를 잡을 수 없다. 무엇보다 이주자 어린이들에 대한 편견을 없애고, 차별하는 자에게 단순히 차별해서는 안 된다고 말하는 데 그치는 것이 아니라 차별이 법으로 처벌받아야 마땅한 범죄임을 확실하게 명시해야만 한다. 특히 공직에 있는 자의 차별행위에 대해서는 공직추방을 포함한 구체적인 제도적 조치가 요구된다(12장 참조).

또한 이주자 어린이와 학생들이 가지고 있는 다른 문화에 대한 이해를 심화시킴으로써 다문화사회의 적극적인 의미를 일본인 어린이들에게 전하기 위한 특별한 교과과정과 프로그램을 조속히 마련해야 할 것이다.

제 언

1. **이주자 어린이들의 교육권을 보장하기 위해 국가와 자치단체는 다음 정책을 실시한다.**

   (1) 일본에 살고 있는 모든 어린이들이 국적과 체류자격을 이유로 공교육에서 배제되지 않도록, 국가는 어린이들의 교육권이 국제조약에서 보장된 것이며 자치단체의 자의에 의해 침해될 수 없는 것임을 자치단체에 철저히 주지시킨다.

   (2) 자치단체는 일본에 거주하는 어린이들에게 국적과 체류자격 유무에 상관없이 교육받을 권리를 보장한다.

   (3) 재학 중인 이주자 어린이의 강제퇴거를 방지하기 위하여 법무성은 즉시 다음 조치를 취한다.

   ① 적발 단속에 의해 재학 중인 어린이 및 그 가족이 수용 대상이 된 경우, 법무대신은 어린이를 포함한 가족전원에게 가석방을 인정한다.

   ② 재학 중인 어린이 및 가족에 대한 체류특별허가를 인정한다.

2. 이주자 어린이의 적응을 돕기 위해 국가와 자치단체는 다음 시책을 실시한다.

(1) 일본어 교육을 공교육의 일부로 배치하여 일본어가 모어가 아닌 어린이와 학생의 교육권을 보장한다.

(2) 가정 내 언어가 일본어가 아닌 어린이를 대상으로 입학 전 일본어 교육을 실시한다.

(3) 연령별 학년제에 구애 받지 않고, 능력에 따른 일본어 교육 프로그램을 개발하고 교재를 정비한다.

(4) 일본어 교육을 담당하는 전문 교사를 배치한다. 교사만으로 지도가 불가능한 부분을 보충하기 위해, 비상근, 자원활동 등의 형태로 지역사회 내의 인력을 확보하여, 일본어 지도원을 배치한다. 일본어 지도원에게는 일반 교사와 동등한 신분적, 법적 지위를 보장한다.

(5) 이주자 학생의 고교진학을 보장하기 위해 일본어가 모어가 아닌 학생을 위한 특별전형을 마련, 확대한다.

(6) 공립고교수험에서 정원 내 불합격을 즉시 금지한다.

(7) 본인의 모어로 고교수험을 치를 수 있도록 한다.

(8) 부모의 모어로 정보를 얻고 상담할 기회를 제공한다.

(9) 국가는 이런 시책을 위해 필요한 지도요령을 마련하고 재원을 확보한다.

3. **이주자 어린이와 학생을 모어로 지도하고, 정체성 확립 및 부모와 의사소통을 지원하기 위해 국가와 자치단체는 다음 시책을 실시한다.**
    (1) 공립학교의 교육과정 내외에서 모어와 모문화 교육을 실시한다.
    (2) 국가 간 이동을 반복하는 생활에 대응한 바이링걸(2개 국어 가능자, bilingual-옮긴이) 교육을 실시한다.
    (3) 이주자 어린이와 학생을 모어로 지도할 수 있도록 외국국적 교사를 적극적으로 채용한다. 이를 위해 교사자격 조건을 근본적으로 개정한다.

4. **민족학교, 외국인학교의 설치, 운영을 보장하기 위해 다음 조치를 취한다.**
    (1) 민족학교와 외국인학교에 대하여, 조성금, 면세조치, 졸업자격에서 학교교육법 제1조에 규정하고 있는 학교(1조교)와 동등한 지위를 인정하기 위해 법을 개정한다.
    (2) 지방자치단체는 모든 외국인학교와 민족학교에 대하여 학교인가, 조성금 교부, 폐교된 공립학교 부지와 건물의 무상임대 등의 적극적인 조치를 고안한다.
    (3) 각 관계기관은 모든 민족학교와 외국인학교에 대하여 정기통학, 학교보험, 급식, 장학금제도, 통학 시와 학내 안전대책 등에서 1조교와 동등하게 대우한다.

5.　국제결혼가정 어린이들의 교육에 관하여 다음 시책을 실시한다.

(1) 관련 서류 준비나 학부모 면담 시 학교에 다니는 어린이의 외국국적 부모가 이해할 수 있는 언어로 통·번역 체제를 정비한다.

(2) 외국국적 부모의 출신지역 역사와 문화에 대한 이해를 넓히기 위해 학급, 학교, 지역 차원에서 프로그램을 마련한다.

(3) 지방자치단체는 지역 NGO와 협력하여 외국국적 부모에 대한 상담체제를 정비한다.

(4) 학교는 외국국적 부모를 가진 어린이의 정체성 형성을 지원하는 체제를 정비한다.

6.　일본인 어린이와 학생이 국제화의 의미를 제대로 이해하고, 편견 없는 인격을 형성하도록 하기 위하여 국가와 자치단체는 다음 시책을 실시한다.

(1) 다문화 이해를 심화시키고 외국국적자에 대한 편견을 없애기 위한 교육과정을 편성한다.

(2) 교사의 다문화 이해를 심화시켜 외국국적자에 대한 편견을 없애기 위해서 교사양성과정에 다문화 교육, 인권 교육을 포함시키고 연수를 강화한다.

(3) 일본인 어린이와 학생이 외국국적자와 다른 문화를 바르게 이해하도록 지도하기 위해 외국국적 교사를 적극적으로 채용한다.

(4) 외국국적자와 다른 문화에 대한 편견을 조장하는 말과 행동이 학교에서 발생하지 않도록 한다. 이를 위해 차별한 사람에게는 적절한 제재조치를 취한다.

(5) '인종차별철폐법'을 제정하고, 이에 근거하여 외국국적자에 대한 편견을 없애는 교육을 실시한다(12장 참조).

의료와 사회보장 7^장

외국국적자에 대한 의료와 사회보장의 현실

사회보장제도와 생존권보장에는 무차별평등의 원칙이 적용되어야 한다. 이전에는 외국국적자에게는 사회보장제도 적용을 제한하는 일이 흔히 있었다. 그러나 일본정부가 1976년 ILO조약 102호를 비준하고, 1979년 국제인권규약을 비준하면서, 내국인과 외국인에게 사회보장제도를 평등하게 적용할 것이 요구되기 시작하였고, 1981년 난민의 지위에 관한 협약에 비준한 이후 현재는 국적에 따른 제한이 대부분 폐지되었다. 그러나 여전히 몇 가지 제도에서 외국국적자와 체류자격이 없는 사람들을 제외하거나 권리를 제한하고 있다.[1]

이주노동자가 빠르게 증가하면서 의료와 복지 분야에서도 여러 가

---

1   이주련 외국인 의료·생활 네트워크 편, 『외국인 의료 실태(まるわかり外國人醫療)』
  (이주련 북렛(ブックレット) 1, 2004년) 참조.

지 문제가 발생하고 있다. 그러나 일본정부는 이런 문제를 사회보장과 복지제도의 근본 원칙에 따라 해결하려고 하지 않았다. 오히려 문제를 출입국관리 측면에서만 파악하여 체류자격만을 유일한 판단기준으로 삼아왔다. 그로 인해 사회보장제도 운영과정에서 여러 가지 마찰이 발생하게 되었다.

1990년에는 구두(口頭)지시에 의해 생활보호제도 적용범위가 정주자와 영주자에게 한정되었고, 1992년에는 통지(通知)에 의해 국민건강보험법 적용범위가 1년 이상의 체류자격이 있거나 그럴 가능성이 있는 자로 한정되었다.[2]

이런 방침이 전달되면서 체류자격이 없으면 권리가 없다는 관점이 지방자치단체까지 영향을 미치게 되었다. 사회보장제도 운영의 시민 창구 역할을 하는 자치단체가 이런 인식을 가지게 되면 지역 이주자의 생활이 심각한 정도로 불안해질 수 있다.

장기불황으로 이주노동자의 유입이 감소하고 귀국이 증가하는 경향이 두드러지는 한편, 일본에서 안정적인 생활을 하고 있는 계층과 경제적 어려움 때문에 어쩔 수 없이 일본에 머무르고 있는 계층 간의 양극화도 뚜렷해졌다. 국제결혼이 증가하면서 한 가족 내에 체류자격이 있는 사람과 없는 사람이 함께 있는 경우도 증가하였다.

체류가 장기화되고 체류상황이 복잡해지고 있다는 것을 인식한 법무성도 체류특별허가 요건을 완화시키지 않을 수 없었고, 1995년 7월에는 일본인과 외국인 사이에서 태어난 자녀를 양육하는 외국인 부모에게 체류특별허가를 인정한다는 방침을 발표하였다.[3]

---

2   1992년 3월 31일 保險發 41호, 후생성 보호국 국보(國保)과장 통지.
3   '일본인의 친자를 부양하는 외국인 부모의 처우에 관하여(通達)'(소위 7·30 통지).

이에 따라 후생노동성도 기존 방침 중 일부를 수정하여, 1995년 '외국인 관련 의료 간담회' 이후 "아동복지법, 신체장애자복지법, 모자보건법에는 국적요건이 없으며, 이 법에서 규정하고 있는 입원조산(助産)제도,[4] 양육의료제도,[5] 인공투석과 HIV 등은 체류자격과 건강보험자격이 없는 자에게도 적용할 수 있다"는 해석을 발표하게 되었다.[6] 이 방침에 따라 사회복지제도 가운데 어린이와 모자 및 공중위생 전반에 관한 부분은 국적과 체류자격 유무를 불문하고 외국국적자도 일본인과 거의 동등한 수준의 권리를 보장받을 수 있게 되었다.

그러나 사회보험청은 시민단체와 교섭하는 과정에서 건강보험법과 관련하여 "정규 취업자격이 없는 자는 상시적인 고용관계에 있는 것으로 볼 수 없다"라는 견해를 반복해서 표명하였다. 국민건강보험에 관해서도 2004년 성령(省令)을 개정하여 체류자격이 없는 외국국적자를 일률적으로 제외하는 방침을 확정하였다.[7] 또한 생활보호법에 대해서는 "단기체류자는 취업에 제한이 있으므로 법 목적 중 하나인 자립지원의 요건이 충족되지 않고", "체류자격이 없는 자는 원래 국내 거주가 인정되지 않기" 때문에 모두 적용대상이 될 수 없다는 (구)후생성 보호과의 견해[8]를 고수하고 있다. 따라서 이주자, 특히 정

4　보건상 필요에도 불구하고 경제적 이유로 병원 등에서 출산하는 것이 곤란한 임산부를 대상으로 지정된 조산시설에서 출산할 수 있도록 한 제도(아동복지법 제22조).

5　양육을 위해 입원이 필요한 미숙아에게 지정된 양육의료기관의 의료서비스를 제공하거나 의료에 필요한 비용을 지급하는 제도(모자보건법 제20조).

6　2000년 5월 26일 내각참질(内閣参質) 147 제26호, '오오와키 마사코(大脇雅子) 군이 제출한 외국인의 의료와 복지에 관한 질문에 대한 답변서'.

7　2004년 6월 8일 후생노동성 고시(告示) 제237호.

8　오오카와 아키히로(大川昭博),「외국국적시민과 사회보장, 복지제도」, NIRA / 시민권(シティズンシップ)연구회 보고, 『다문화사회의 선택』, 일본경제평론사(2001년), 71~92 쪽 참조.

규 체류자격이 없는 사람들은 사회보험제도 적용대상에서 제외되어 생활이 어려워졌을 때 생존권을 보장받을 수 있는 수단이 없는 상태이다.

정부의 견해

현재 정부의 견해를 집약적으로 정리해보면 다음과 같다.

우선, 헌법의 생존권 보장은 국민, 즉 일본국적을 가진 자를 대상으로 하는 것이 원 취지이므로 일본국민과 동일하게 생활하고 있는 정주자와 영주자는 기본적으로 권리보장의 대상으로 대우하는 조치를 취한다는 것이다.

그러나 최근 급증하고 있는 이주자에 대한 정책은 기본적으로 출입국관리 정책의 문제로 보고 있다. 게다가 단기체류자의 경우는 원래 출신국 정부에게 생존권 보장책임이 있으므로 사회보장제도 적용에서 각 나라의 사정에 따라 합당한 차이를 두는 것은 국제조약상으로도 허용되는 것이라고 보고 있다.

체류자격이 없는 외국국적자는 국내 활동과 거주가 인정되지 않는, 즉 '존재하지 않거나' '있어서는 안 되는' 자로서 사회보장제도의 적용대상이 될 수 없다는 입장을 고수하고 있다. 그 근거로 들고 있는 것은, 체류자격이 없는 외국국적자에게 사회보장제도를 적용한다면 정규 체류자격을 가진 외국국적자와 비교해 형평성을 잃게 되어 '불법체류'를 용인하고, '불법취업'을 조장하게 된다는 것과 의료를 목적으로 하는 입국을 유발할 우려가 있다는 것이다.

그렇다고 체류자격이 없는 외국국적자 모두를 법적용 대상에서 제외하고 있는 것도 아니다. 앞서 언급했듯이 사회복지 중 어린이 및 모자, 공중위생 전반에 관해서는 국적과 체류자격 유무를 불문하고 일본인과 거의 동등한 권리를 보장한다는 정부견해를 명확히 밝히고 있다. 여기서도 알 수 있듯이 후생노동성은 지금까지도 '인도적 배려'와 '의료목적의 입국 방지' 사이에서 동요하고 있는 것이다.

그러나 사회보장제도를 출입국관리 정책이라는 편향된 방향으로 운용하려는 정부의 자세와 법률해석은 이주자가 증가하면서 생활이 어렵거나 건강이 악화되는 사람들도 증가하고 있는 현실에서 많은 문제점을 만들어내고 있다.

생활의 현실과 제도 적용 간의 모순

이주자가 처해 있는 현실과 의료, 사회보장제도 운영 사이의 모순으로부터 발생하고 있는 중대한 문제로 다음 사항을 지적할 수 있다.

첫째, 이주자를 사회보험에서 배제함으로써 의료서비스를 받을 수 없는 사람들이 생길 뿐 아니라 의료 부문의 도덕성 상실을 초래하고 있다.

이주자 중 정규 체류자격이 없는 사람들은 사회보험에 들 수 없으므로 아무런 제도적 뒷받침 없이 막대한 의료비를 본인이 모두 부담해야 하는 상황이 일상적으로 발생하고 있다.

이런 사태를 막기 위해 '행려병자 및 행려사망자 대우법(行旅病人及行旅死亡人取扱法)'[9]의 예산조치를 부활시키고, '체불 의료비 지원사업'[10]을 예산화하는 등의 시책을 시행하는 자치단체도 있으나, 지역이 한정되어 있고, 적용조건도 엄격하며, 예산도 불충분한 경우가 많아서 충분한 효과를 내지 못하고 있다. 때문에 건강보험이 없는 외국국적자의 진료를 꺼리는 의료기관이 많고, 일부 양심적인 의료기관에 환자가 집중되어 체불 의료비 부담이 증가하고 있다. 또한 진료 전에 부담능력을 확인한 후 진료를 시작하거나 본인이 부담할 수 있는 비용을 넘어서지 않는 정도로만 치료해줌으로써 심각한 질병의 치료시기를 놓쳐버리는 사례도 많다.

둘째, 이주자를 건강보험에서 제외함으로써 건강보험제도의 가입범위가 축소되어 제도운영의 위기가 심화되고 있다.[11]

이주노동자 중 닛케이진(日系人) 등 정규 취업자격을 가지고 있는 사람도 대부분 제조업 등의 하청영세기업에서 일하고 있다. 이 경우 해당 기업에 직접고용된 것이 아니라 '파견회사(업무청부업자)'에 의해 해당 기업에 파견되는 형태로 간접고용된 경우가 대부분이다.[12] 이런 형태로 고용된 이주노동자 대부분은 건강보험(피용자보험)에 가입하지 않고 있다. 그 주요 원인은 고용주인 '파견회사'가 건강보험 강제적용대상 사업소인데도 가입을 꺼리고 있기 때문이다. 이 때문에

---

9 메이지 32년 법률 제93호. 거주지를 떠나 이동하던 중 걷기 어려울 정도의 병을 얻은 사람이나 사망자는 가장 가까운 시정촌(市町村)이 보호하고, 비용을 부양의무자에게 청구할 수 없을 때는 공공단체(현재는 현(縣) 및 정령지정도시(政令指定都市, 인구 50만 이상의 광역시-옮긴이))가 이를 부담하도록 규정하고 있다.

10 건강보험, 국민건강보험과 생활보호 적용을 받을 수 없는 사람(체류자격이 없는 외국인 등)이 지불하지 못한 긴급의료비를 도(都)와 현(縣)이 일정 한도까지 지원하는 제도. 2006년 현재, 9개 도와 현이 실시하고 있다.

11 건강보험법에는 국적을 불문하고 2개월 이상 계속해서 일하는 자에 대해 기업 측이 건강보험과 후생연금에 가입하도록 하고 있다. 그러나 영세기업은 경비절감 차원에서 적용대상임에도 불구하고 가입하지 않는 경우가 많다.

12 이런 고용형태는 파견기업과 실제 고용기업 모두 노동자파견법(노동자파견사업의 적절한 운영 및 파견노동자의 취업조건 정비 등에 관한 법률) 제4조 3항을 위반한 것이지만, 특히 이주노동자의 경우에는 이것이 당연한 것으로 받아들여지고 있다.

정규 체류자격을 가진 이주자들조차 미가입 상태인 경우가 늘고 있는 반면, 이들의 체류기간은 장기화하는 경향이 나타나고 있다. 게다가 주무관청인 사회보험청은 직장건강보험 미가입 실태조차 파악하지 않고 있다.

건강보험 미가입 상태를 방치하는 것은 사회보험제도의 존립 자체를 위태롭게 하고, 이주자가 의료서비스를 받는 데 어려움을 가져온다. 이것은 중소기업 혹은 파견노동에 관련된 전체 노동자들의 의료에 대한 접근성이 악화되고 있는 현실과도 연관되어 있다. 건강보험(피용자보험) 가입 의무를 지키지 않는 고용주를 묵인하는 것은 성실하게 보험료를 납부하는 고용주에게는 불공평한 일이다.

셋째, 이주자 자녀 또는 모자가정 등 특히 사회적 지원이 필요한 계층의 빈곤과 건강악화가 심화되고 있다.

1995년에 있었던 '외국인 관련 의료 간담회' 이후, 체류자격에 상관없이 입원조산제도와 양육의료제도의 혜택을 받을 수 있게 되었다. 그러나 이 제도들은 미숙아와 장애 등 특수한 상황에 한정된 것이며 이주자의 전반적인 의료보장을 목적으로 한 것은 아니다. 일본정부가 이주자들에게 이 제도를 적용하기 시작한 것은 인도적인 차원보다는 어린이들의 건강을 배려했기 때문이지만 건강보험가입이 제한된 상태에서는 이주자 어린이들이 의료혜택을 받을 권리가 없기는 마찬가지이다. 부모가 질병으로 일하지 못하게 될 경우 어린이들의 생활도 위협받게 된다.

정주화가 진행되면서 이주자의 경제적 어려움도 심화되고 있다. 이들을 '존재하지 않는 것이 당연한 자'로 여기는 것은 가정에서 발생하고 있는 문제를 방치하여 어린이들이 건강하게 자랄 권리를 빼앗는 것과 같다.

이런 문제들이 이주자뿐 아니라 일본에 살고 있는 모든 사람들의 의료복지제도 자체를 위협하고 있다. 이주자를 배제한 사회복지제도는 취약하기 그지없는 제도이다. 누구든지 안심하고 살 수 있는 사회를 만들기 위해서 이주자의 의료와 사회보장에 관하여 아래와 같은 구체적인 조치를 취해야 한다.

제 언

1. 공적부조에 관하여 다음 시책을 시행한다.

(1) 정주·영주 외국인의 생활보호청구권을 보장한다.

(2) 정주·영주 외국인 이외의 외국국적자에게도 생활보호제도를 적용하여 긴급한 의료지원이 필요한 외국국적자에게 자치단체의 판단으로 보호, 적용이 가능하도록 조치한다.

2. 국민건강보험에 관하여 다음 시책을 시행한다.

(1) 사회보험 원칙을 존중하고, 현실적인 상황을 고려하여 건강보험(피용자보험)에 미가입한 외국국적자의 가입을 인정한다.

(2) 체류특별허가 신청 등 일정한 요건 하에 국내 정주를 희망하는 자에게는 즉시 국민건강보험 자격을 부여할 수 있도록

조치한다.

(3) 체류자격에 관계없이 거주 사실에 입각하여 국민건강보험 가입을 인정하도록 기준과 절차를 정비한다.

3. **건강보험(피용자보험)에 관하여 다음 시책을 시행한다.**

(1) 건강보험 적용 대상기업에서 일하고 있는 이주노동자와 그 가족에게 체류자격에 관계없이 보험가입을 인정한다.

(2) 후생노동성은 건강보험 가입을 사업주에게 철저히 주지시켜 가입을 지도한다(3장 참조).

(3) 이주노동자가 피보험 자격확인을 요구할 경우 취업개시 시점을 기준으로 보험증을 발급받을 수 있도록 절차를 정비한다.

(4) 체류자격에 관계없이 적용되는 아동과 모자보건, 공중위생 분야에서 자치단체에 따른 불평등이 생기지 않도록 후생노동성은 각 자치단체에 철저히 주지시킨다.

(5) 자치단체는 현행 제도 중 외국국적 주민에게 적용 가능한 분야는 철저히 적용하도록 노력한다.

4. **의료, 보험, 복지 분야의 담당공무원에게는 치료 및 구제 우선의 관점에서 국가공무원법과 지방공무원법상의 비밀엄수 의무를 우선하도록 하여, 입관난민법상의 통보 의무를 면제하는 조치를 취한다.**

**5. 이주자의 의료 접근성을 확보하기 위하여 다음 시책을 시
행한다.**

(1) 의료기관은 건강보험(피용자보험)과 국민건강보험 등 의료
보험제도에서 배제된 이주자의 의료비를 제도가 적용된 경
우와 동일하게 계산하여 청구한다는 내부기준을 세운다.

(2) 의료기관은 진료 시 적절한 통역을 확보하기 위해 다국어가
가능한 직원을 배치하고 통역의뢰비를 예산으로 책정하는
노력을 기울인다.

(3) 자치단체는 의료통역 확보를 위해 공적 통역파견제도를 정
비하고, 통역 자원활동가를 조직하며, 필요경비를 예산으로
책정하는 조치를 취한다(8장 참조).

지역자치와 외국국적 주민 8^장

다민족 · 다문화를 향해 변화하는 지역사회

2차 대전 이전부터 이미 수많은 외국인과 다른 민족이 일본의 여러 지역에 살고 있다. 선주(先住)민족인 아이누를 비롯하여, 일본의 식민지 지배로 전후 조선인, 대만인과 그 자손들이 일본에 살게 되었다. 따라서 '단일민족국가 일본' 은 만들어진 허상에 불과하다. 1980년대 이후에는 새롭게 일본으로 이주하는 사람들이 늘어났고, 이들이 지역사회의 '주민' 으로 일본인과 함께 살아가게 되었다. 이 사람들과 얼굴을 직접 맞대고 살아가는 지역공동체야말로 더불어 살아가는 사회를 만들기 위한 기본단위이다. 그러나 다민족 · 다문화의 '공생(共生)' 과 '협력' 을 일상생활에서 실현하려는 과제에 정면으로 맞서고 있는 지방자치단체는 아직 소수이다.

외국인등록자 수는 아직 일본 총인구의 1.5%에 불과하다. 그러나 외국인이 주민의 15%를 점하는 군마(群馬)현 오오이즈미쵸(大泉町)나

7%를 점하는 도쿄도 신쥬쿠구(新宿區)와 같은 자치단체가 나오기 시작했고, 인구 20명당 외국국적 주민이 1명 이상인 자치단체도 일본 각지에 다수 존재하고 있다. 외국인이 배우자인 경우가 전체 결혼 가운데 5% 정도라는 점[1]도 다민족·다문화를 전제로 한 지역사회를 염두에 두지 않으면 안 되는 시점에 이르렀음을 보여주는 것이다. 따라서 노동, 비즈니스, 교육, 여가, 시민활동 등 모든 생활 영역에서, 다른 국적과 다른 지역 출신 사람들이 차이를 존중하면서 함께 살아가는 하나의 지역사회로 발전하기 위하여 적극적으로 시책을 정비하고 추진하는 것이 자치단체의 주요한 과제가 되고 있다.

2001년 5월, 하마마쯔(浜松)시의 요청으로 '외국인집주(集住)도시회의'[2]가 발족하였고, 이 회의에서 '지역공생에 관한 하마마쯔 선언'이 채택되어 교육, 사회보장, 외국인등록에 대한 구체적인 제언이 있었다. 지방분권이 진전되면서 자치단체에서는 외국국적 주민을 지역사회 구성원으로 포괄한 새로운 시책을 실시하는 동시에 국가가 쌓은 법과 제도의 '높은 장벽'을 허물어야 한다는 목소리도 높아지고 있다.

그러나 자치단체 중에는 '국제화'라는 과제를 해외 자치단체와 자매결연을 맺거나 민간조직을 지원하는 등 개발도상국에 대한 원조활동이라는 맥락에서 파악하고 있는 경우가 많다. 이런 시각은 해외나 다양한 다른 문화로 눈을 돌려야 한다는 데까지 인식을 넓힌 것이지만 지역사회의 시책이 다민족·다문화의 관점을 포괄해야 한다는 데까지는 이르지 못한 것이다.

1 　후생노동성, 「인구동태통계연보」(2004년).
2 　당시 13개 시정(市町), 현재 17개 시정이 참여.

다민족 · 다문화 공생사회로 전환하는 것은 지방자치행정의 모든 측면에서 진행되어야 하는 과제이다. 즉, 학교교육, 사회교육, 복지와 사회보장, 등록과 공증(公證) 등 각 분야별 업무는 물론이고 자치단체의 종합계획(지역만들기 및 마을만들기)에서 기본방침의 하나가 되어야 한다. 이를 위해서는 각 자치단체가 '다민족 · 다문화 공생사회 추진 기본계획'을 수립하고, 그 추진기관으로 '다문화국(부)'과 같은 담당부국을 설치할 필요가 있다.

자치단체가 지금 당장 착수해야 할 구체적 시책

(1) 다국어 서비스와 일본어 교육의 공적 보장

외국국적 주민이 일본에서 편안한 생활을 누리는 데서 언어는 중요한 장벽이다. 실제로 물건을 사거나 병원에 가는 등 일상생활에서는 물론이고 외국인등록이나 체류자격 변경 등 행정절차에서 사용되는 언어도 거의 일본어로, 정부와 지방자치단체의 다국어 서비스는 아직 불충분한 상태이다. 외국국적 주민이 많은 자치단체 중에는 외국어로 된 생활 가이드북을 발행하는 곳도 많지만 이 경우도 사용하는 언어는 영어가 압도적으로 많다. 중국어와 한국어를 영어 다음으로 많이 사용하고 스페인어나 포르투갈어를 사용하는 경우는 일부에 한정되어 있다.

자치단체는 그 지역에 살고 있는 외국국적 주민의 언어를 조사하여 그들의 수요에 부합할 수 있도록 행정의 최신정보를 다국어로 전달해야 한다. 또한 병원이나 학교, 행정절차의 통역체제를 정비하고 통역양성 프로그램을 마련해야 한다.

일본에서 생활하는 많은 외국국적 주민은 일본어 교육 기회를 보장받지 못하고 있다. 지역 일본어 교실이 대부분 자원활동가에 의해 운영되기 때문에 교실, 운영경비와 교재 부족, 코디네이터와 교사 부족으로 어려움을 겪고 있다. 외국국적 주민이 일본어 교육 기회를 가지는 것은 기본적인 인권의 하나로, 경제적 상태나 법적 지위, 직업에 상관없이 희망자 모두 언제 어디서나 일본어를 배울 수 있도록 해야 한다. 정부는 일본어 교재와 교과과정 개발, 일본어 교실의 코디네이터와 교사 양성에 노력하여 누구라도 적절하게 일본어를 배울 수 있는 조건을 제도적으로 마련해야 한다. 또한 자치단체는 사회교육, 평생교육의 일환으로 일본어 교실을 운영하거나, 자원활동가 단체의 운영을 지원(공공시설 개방, 운영비용 부담)하는 등 적극적인 조치를 강구해야 한다.

(2) 주거 확보

외국국적 주민은 '외국인' 이라는 이유만으로 살 집을 구하는 데 큰 곤란을 겪고 있다. 특히 이주노동자의 경우 고용주가 마련한 주택에 들어가거나, 아는 사람의 집에 계약 없이 들어가 살거나, 임대료가 높은 게스트하우스 방식의 간이숙소를 이용하거나, 낡은 아파트에 입주하는 등 주거환경이 협소하거나 열악하다. 이런 상황은 다른 여러 가지 문제를 낳기도 한다. 고용주가 마련한 주택에 사는 경우에는, 해고 등으로 일자리를 잃는 경우 즉시 주거지를 잃게 되기 때문에, 고용주에 대해 불리한 입장에 처하게 되며 고용주가 임대료를 착취하는 수단이 되는 경우도 있다. 또한 일반주택에 입주하는 데 어려움이 있기 때문에, 특정 공영주택이나 민간아파트에 집중해서 살고 있고, 상대적으로 높은 임대료 부담으로 생활 기반의 안정이 늦어지는 경향을 보이고 있다. 고용불안은 동시에 주거 불안을 의미하므로 임금이 체불되어도 일자리를 옮길 수 없는 경우도 있다.

건설성(현 국토교통성)은 1954년, 헌법 제25조에 의한 생존권은 "일본국민을 대상으로 한 것으로 외국인은 이에 대한 권리를 요구할 수 없다"고 하여 외국인에게는 공영주택 입주자격이 없다고 통지하였다. 그러나 1970년대 이후 전개되기 시작한 민족차별철폐운동 과정에서 공영주택을 외국인에게 개방하는 자치단체가 증가하였다. 공영주택은 체류자격을 불문하고 외국국적 주민의 공모를 적극적으로 장려하여 민간 주택의 모범이 되도록 운영해야 한다.

자치단체는 또한 고령자나 장애인 등 주택마련에 어려움을 겪고 있는 이들을 위한 신용보증제도를 도입하고, 외국국적 주민도 이 제도를 이용할 수 있도록 하는 등 외국국적 입주자의 경제적 신용도를 높여야 할 것이다. 일정 규모 이상의 임대주택이나 다가구주택에서는 지역의 주민 구성에 비례하여 외국국적 주민의 입주가 일정비율 이상이 되도록 하는 양적 목표를 설정할 필요가 있다. 이런 목표가 설정된 상태에서 외국국적 주민이 전혀 입주하지 않았다면 차별대우를 한 것으로 인정할 수 있는 체제가 만들어질 것이다.

또한 자치단체 차원에서, 임대주택 관련 지역별 제도나 관습에 대한 외국국적 입주자의 이해를 돕는 홍보활동을 실시하고, 임대주택 소유자나 부동산 중개업자가 외국국적 주민과 의사소통 능력을 높일 수 있도록 하는 시책을 실시해야 한다.

(3) 다국어·다문화의 재해 대책

지진이나 해일, 수해, 화재 등 재해가 일어났을 때 외국국적 주민이 대피정보나 구조물자를 얻을 수 있는 수단에 대한 정보 접근성이 떨어지는 점이 문제가 되고 있다. 일본사회는 재해가 일어났을 때 외국국적 주민과의 공생이 의문시되었던 두 가지 중요한 경험을 가지고 있다.

하나는 1923년 9월 1일에 발생한 칸토우(關東) 대지진이다. 당시 "조선인이 폭동을 일으킨다"는 선동으로 군대, 경찰, 자경단(自警團)에 의해 조선인 6,000명 이상이 피살되었다. 다른 하나는 1995년 1월 17일에 발생한 한신(阪神)·아와지(淡路) 대지진 당시의 경험이다. 이 당시에는 시민들 사이에 언어와 민족, 문화를 넘어선 협력 분위기가 확산되면서 자발적으로 다양한 노력을 하였고, 그 경험을 통해 재해와 구조 정보를 다국어로 전달할 필요성을 절감하게 되었다. 재해대책은 긴급을 요하는 인도적인 문제이다. 특히 재해대책에서 민족, 언어, 종교적 소수자에 대한 특별한 배려가 필요하다.

2000년 4월 9일, 이시하라 신타로우(石原 愼太郎) 도쿄도지사는 자위대원 앞에서 그 해 9월 예정되어 있었던 방재훈련에 자위대 참가를 언급하는 과정에서 외국국적 주민에 대한 차별적인 발언과 선동을 하였다. 이처럼 자치단체장이 외국국적 주민에 대한 차별의식을 노골적으로 드러내는 경우가 있는 만큼, 재해 시 차별행위나 차별선동 금지를 법령과 조례로 명문화할 필요가 있다.[3]

'주민' 등록제도

외국인등록법 제1조는 "등록에 의해 외국인의 거주관계와 신분관계를 명확히 하고, 이를 통해 체류외국인의 공정한 관리에 이바지하는 것을 목적으로 한다"고 하고 있다. 반면 일본국민을 대상으로 하는 주민기본대장(臺帳)법 1조는 "주민 편익을 증진시키는 동시에 국가 및 지방공공단체의 행정 합리화에 이바지하는 것을 목적으로 한다"고 하고 있다. 즉, 외국인등록법의 목적과 기능은 주민기본대장법과 같은 '주민의 편익 증진'이나 '행정의 합리화' 도모가 아니라 '외국인'을 '관리'하는 것이다.

외국인등록법은, 일본에 입국한 후 3개월 이상 체류하는 외국인은 입국한 날로부터 90일 이내에, 외국인 어린이는 60일 이내에 거주하고 있는 시구정촌(市區町村)에 등록(신규등록)하는 것을 의무로 부과하고 있다. '외국인등록'은 일본국민이 호적법이나 주민기본대장법에 의해 출생, 혼인, 전입, 사망 등을 신고하는 것과 동일하게 보인다. 그러나 외국인등록법에는 '외국인'에게만 부과되는 많은 의무규정이 있다. 일본에서 태어난 3, 4세도 16세 생일부터 30일 내에 거주하는 시구정촌에 최초 '확인등록'을 해야 한다. 이때 등록사항은 20가지 항목에 이른다. 등록 2~3주 후에는 다시 행정관청에서 카드형 '외국인등록증명서'를 발급받고 이를 항상 가지고 다녀야 한다(상시휴대 의무). 또한 출생과 입국 시 신규등록과 16세 확인등록, 5년 간격(영주자

---

3   미합중국법전 제42편 제68장 제5151조는 '재해원조의 차별금지'에서 "지급되는 물품 분배, 요청 접수 및 구조와 지원활동이 출신지, 피부색, 종교, 국적, 성별, 연령, 경제적 지위 등의 구별 없이 공평 혹은 공정한 방식으로 수행되는 것을 확실히 하기 위한 규정도 포함한다"라고 하고 있다.

와 특별영주자는 7년 간격) 갱신등록을 태만히 하면 1년 이하의 징역이나 금고 또는 20만 엔 이하의 벌금형에 처해지고, 등록증을 휴대하지 않은 경우도 20만 엔 이하의 벌금형(특별영주자는 10만 엔 이하의 과태료)에 처해진다.

이와 같이 외국인등록법은 외국인을 관리와 감시 대상으로 보고 엄한 처벌 위협 아래 갖가지 의무 규정으로 그물망과 같은 울타리를 치고 있다. 지문제도는 1980년대부터 시작된 투쟁으로 2000년에 폐지되었다.[4] 그러나 여전히 5년 간격의 갱신등록이나 증명서 상시휴대 의무는 폐지되지 않고 있다. 이것은 자유권규약 제26조에 위반되는 것이다.[5] 일본 헌법의 지방자치 조항[6]에 근거해 작성된 지방자치법 제10조는 "주민은 법률이 정한 바에 의해 관할 지방공공단체의 행정 서비스를 동등하게 받을 권리와 그 부담을 분담할 의무를 진다"고 규정하고 있다. 여기서 '주민'은 '일본국민인 지방공공단체의 주민'에 한정된 것은 아니다. 이 지방자치법 제10조를 통해 지역사회의 '외국국적 주민'이 당연히 가지는 지위와 권리를 확인할 수 있다.

현 제도에서는 일본국적 주민이 주민기본대장법에 의해 주민등록을 하는 것에 반해 외국국적 주민은 외국인등록법에 의한 외국인등록으로 사실상의 '주민등록'을 하고 있다. 지방자치단체는 외국인등록 업무를 국가(법무성)의 법정수탁업무로 수행하는 동시에, 행정 서비스를 제공하거나 조세를 부과하기 위해 필요한 '주민의 정확한 기록'

---

4 2006년 5월, '테러대책' 명목으로 특별영주자 등을 제외한 '외국인'이 입국할 때 얼굴사진과 지문을 채취하도록 입관난민법이 개정되었다.

5 국제인권규약 제26조 "모든 사람은 법 앞에 평등하고, 일체의 차별 없이 법률에 의한 평등한 보호를 받을 권리를 가진다……."

6 제8장 제92조 "지방공공단체의 조직 및 운영에 관한 사항은 지방자치의 본 취지에 근거해 법률에서 이를 정한다."

을 외국인 등록을 통해 얻은 '기록'에서 유용하고 있다. 이것은 규정에서 벗어난 행정행위지만 자치단체로서는 다른 수단이 없고 정부도 이를 용인하고 있다.

이처럼 외국국적 주민에게 부담만 평등하게 분담시키고 행정서비스 제공은 제한하거나 부정하는 그 자체가 지방자치법 제10조에 위반되는 것이다.

이러한 불합리한 차별을 폐지하고 평등한 주민 서비스를 보장하기 위해 외국국적 주민의 '관리'만을 목적으로 하는 외국인등록법을 폐지해야 한다. 대신에 일본국적 주민과 동일하게 '주민 편익을 증진시키는 동시에 지방공공단체의 행정 합리화에 도움'이 되도록 주민등록을 해야 할 것이다.

'지역자치, 지방자치'의 참여

지금까지 외국국적 주민의 지방자치단체 선거권과 피선거권은 법률에 의해, 주민투표는 조례에 의해, 인권옹호위원, 민생위원, 교육위원의 취임자격은 '선거권 유무'에 의해 부인되어왔다. 즉, 외국국적 주민은 지방자치와 주민자치에 참여하는 '주민'의 범주에서 배제되어온 것이다.

외국국적 주민을 지방공무원으로 채용하는 것에서도, 정부는 법률 규정이 없음에도 불구하고, "공권력 행사와 공공의사 형성 참여와 관련된 직무에는 일본국적이 필요"하다는 "당연의 법리"를 내세워 외국국적 주민이 직업을 선택할 자유를 제한해왔다.

그러나 1973년 한신간*(阪神間)에 있는 6개 시와 1개

---
* 오사카(大阪)와 코베(神戸) 사이.

정(町)이 처음으로 공무원채용에서 '국적조항'을 철폐하였다. 현재는 1개 부(府)와 10개 현 및 13개 정령(政令)시 모두에서 공무원을 채용할 때 국가가 정한 원칙을 철폐하여 전국 자치단체에서 외국국적 공무원이 이미 1,000명 이상 일하고 있다.

주민투표에서도 같은 움직임이 나타나고 있다. 주민투표는 법률에 관련 규정이 없고, 자치단체가 조례를 통해 실시하고 있다. 따라서 외국국적 주민의 투표권 인정여부는 지역 자치단체가 독자적으로 판단해 결정할 수 있다. 2002년 1월 18일, 시가(滋賀)현 요네하라쵸(米原町)가 조례를 제정해 최초로 외국국적 주민에게 주민투표권을 부여한 이래 4년여의 시간이 지난 현재, 외국국적 주민에게 투표권을 인정하는 주민투표 조례를 제정한 자치단체는 200개를 넘어섰다.

지금까지는 국민국가 틀 내에서 국민과 외국인을 양분하는 사고가 지배적이었고, 참정권은 국민 고유의 권한으로 외국인과는 무관한 것으로 생각되었다. 그러나 최근 그러한 사고방식에 균열이 생기기 시작하였다. 예를 들면 해외에 거주하는 일본국민이 투표할 수 있도록 공직선거법이 개정되어, 2000년 6월 총선거에서 처음으로 재외국민 투표가 실시되었다. 그러나 재외국민은 중의원과 참의원 선거에서만 투표할 수 있고, 지방자치단체 선거에는 투표권이 없다. 재외국민은 '국민'이지만 자치단체의 '주민'은 아니라고 보기 때문이다. 이처럼 '국적'을 매개로 하는 국정참정권과 거주에 근거한 '주민'의 지방참정권은 구별되어야 한다.

일본헌법의 지방선거규정상의 '주민'도 '일본국민인 지방공공단

---

7   제93조 2항 '지방공공단체의 장, 그 의회의 의원 및 법률이 정한 기타 공무원은 해당 지방공공단체의 주민이 직접 선출한다.'

체의 주민'이 아니므로 외국국적자를 배제하는 것은 아니다.[7] 최고재판소는 이에 근거해서 지방자치단체가 법률에 의해 외국국적자의 선거권을 인정하는 것은 위헌이 아니라는 판결을 내린 바 있다.[8] 자치단체 중에도 이런 방향을 향해 나아가려는 움직임이 나타나고 있다. 정부는 이 같은 시도를 적극적으로 지원해야 할 것이다.[9]

외국국적 주민이 단지 수동적으로 행정서비스를 받기만 하는 것이 아니라 지방자치의 주체로서 지역사회에 참여하는 데 선구적인 역할을 한 것은 카와사키(川崎)시가 1996년에 조례에 의해 설치한 '외국인 시민대표자회의'이다. 이 회의는 외국국적자로 구성된 일종의 의회이며, 이후 몇몇 자치단체도 유사한 회의를 설치하였다. 각지에 있는 자치단체가 외국국적 주민의 주민투표권을 인정한 것도 이런 흐름의 연장선에 있는 것으로 볼 수 있다. 외국국적자를 동등한 주민으로 인식함으로써 국민과 외국인이라는 이분법적 논리를 넘어서는 새로운 공생의 싹이 트고 있다. '지방참정권' 개방의 진정한 의미도 바로 여기에 있다.

8　1995년 2월 28일 판결. "우리나라(일본)에 체류하는 외국인 중에서 영주자 등 그 거주지의 지방공공단체와 특별히 긴밀한 관계를 가지게 된 것으로 인정되는 자에 대해 그 의사를 일상생활에 밀접한 관련이 있는 지방공공단체의 공공업무 처리에 반영할 수 있도록 법률에 의하여 지방공공단체의 장과 지방의회 의원 등에 대한 선거권을 부여하는 조치를 취하는 것은 헌법에서 금지하는 바가 아니다."

9　정부는 '구조개혁'의 하나로 '특구' 구성을 추진하고 있는데 사이타마(埼玉)현 소우카(草加)시, 히로시마(廣島)현 삼지(三次)시, 교토부(京都府) 쿄단고(京丹後)시는 외국국적자에게 지방참정권을 개방하는 특구신청을 하였다. 그러나 어느 곳에서도 정부의 인가를 받지는 못했다. 소우카시는 그 신청이유에서 "국가가 안고 있는 중요한 과제, 그러나 언젠가는 해결하지 않으면 안 되는 과제에 대해서야말로 특구제도를 활용할 의의가 있다"고 하였다.

제 언

1. **'다민족 · 다문화 공생사회 추진 기본계획'의 수립과 그 추진기관 설치를 위하여 다음 시책을 실시한다.**
   (1) 총무성은 자치단체에 '다민족 · 다문화 공생사회 추진 기본 계획 지침'을 제시하여 그 수립을 촉진시킨다.
   (2) 자치단체는 '다민족 · 다문화 공생사회 추진 기본계획'을 수립한다. 이를 위해 외국국적 주민의 실태 및 행정운영 실태를 조사한다.
   (3) 자치단체는 적절한 방법으로 선출된 외국국적 주민을 포함하는 '다민족 · 다문화 공생사회 추진 협의회'를 설치한다. 협의회는 기본계획 수립에 참여하고, 그 실시를 감시하는 동시에 정책을 제언한다.
   (4) 자치단체는 기본계획의 추진조직으로 '다문화국(부)'을 설치한다. 다문화국은 다른 부국을 지도, 조언하는 종합조정기능도 가지도록 한다.

2. **다국어 서비스와 일본어 교육 보장을 위해 다음 시책을 실시한다.**
   (1) 총무성은 다국어로 정리해야 할 정보 목록을 작성하고, 모든 행정기관 및 민간기관이 외국국적 주민의 생활정보를 다

국어로 전달하도록 촉진한다.

(2) 자치단체는 상하수도를 비롯한 라이프라인(전기, 가스, 수
    도 등 생활과 생명을 지키기 위한 네트워크 시스템-옮긴이)
    과 교육, 복지, 비상사태에 대한 대응 등 외국국적 주민에게
    필요한 기본적인 정보를 다국어 및 알기 쉬운 일본어로 전달
    한다.

(3) 자치단체는 외국국적 주민이 많이 이용하는 창구에 외국어
    가 가능한 직원을 배치하는 등 통역체제를 정비한다. 그리고
    직원들이 쉬운 일본어를 사용하도록 지도한다.

(4) 총무성과 문부과학성은 일본어 교육 교재와 교과과정 개발,
    일본어 교실의 코디네이터와 교사양성 프로그램을 실시하
    고, 외국국적 주민이 야간과 휴일에도 이용할 수 있는 성인
    을 위한 일본어 교육기관 설치에 관하여 자치단체에 지침을
    제시한다.

(5) 자치단체는 공공시설을 제공하고, 인력을 배치하여 성인의
    일본어 교육 기회를 보장한다.

(6) 자치단체는 NGO가 담당하고 있는 통역과 일본어 교실에
    대하여 필요한 지원조치를 취한다.

3. 외국국적 주민의 주거 확보를 위해 다음 시책을 실시한다.

(1) 국토교통성 및 자치단체는 외국국적 주민의 주거 확보를 위
    한 지침을 수립한다.

(2) 공영주택(민간자금 활용사업 포함)에 외국국적 주민의 입주

비율 기준을 정하고 그 달성을 의무화한다.

(3) 주거 확보가 어려운 이들을 위한 공적 신용보증제도를 신설하고 그 대상에 외국국적 주민을 포함시킨다.

(4) 일정규모 이상의 주택 소유자와 다세대 주택을 대상으로 외국국적 입주자의 유무와 수를 조사하여 지역주민 구성에 비례한 외국국적 거주자 비율의 하한을 설정하고 이를 준수하도록 한다.

(5) 홍보물과 중개를 통해 임대주택을 구하려는 외국국적 주민을 지원한다.

4. 재해가 일어났을 때 국적, 민족, 문화를 넘어선 지역주민 간 협력이 가능하도록 다음 시책을 실시한다.

(1) 국가 및 자치단체는, '재해 시 차별금지법', '재해 시 차별금지 조례'를 제정하여, 재해가 일어났을 때 모든 차별이 금지되고, 피해자의 민족, 국적 및 체류자격 유무에 상관없이 적극적인 구제조치가 취해질 수 있도록 한다.

(2) 자치단체는 외국국적 주민을 배려한 재해방지계획을 입안한다. 이를 위해 '다민족·다문화 공생사회 추진 협의회'(그 설치 이전에는 외국국적 주민대표를 포함한 협의체)와 협의하여 아래 사항을 실시한다.

① 재해가 일어났을 때는 다국어로 정보를 제공하고, 통역 체제를 정비한다.

② 외국국적 주민이 참가할 수 있는 다국어에 의한 재해방

지훈련을 실시한다.

5. 국가는 외국인등록법을 폐지하고, 주민기본대장법에 의한 주민등록을 하도록 법을 개정한다. 또한 국가 및 자치단체는 외국국적 주민의 이익과 편의를 위한 목적 외에 등록된 정보를 이용해서는 안 된다.

6. 외국국적 주민의 지역자치 참여를 촉진시키기 위해서 다음 시책을 실시한다.

(1) 자치단체는 공무원 및 공립학교 교사의 채용과 임용에서 국적조항과 체류자격조항을 폐지하고, 그 채용·인원이 총인구 중 외국국적 주민의 비율에 비례하도록 적극적인 조치를 취한다.

(2) 자치단체는 외국국적 주민의 주민투표권을 조례에 규정한다.

(3) 정부는 일본에 3년 이상 거주한 외국국적 주민의 지방참정권(선거권, 피선거권) 보장을 입법화한다.

9 장

굳게 닫힌 난민에 대한
문을 열기 위하여

굳게 닫힌 '난민'에 대한 문

　2001년 10월, 일본에 난민신청을 한 하자라(hajara)족 9명이 입국관리국에 일제히 수용되었다. 하자라족은 아프가니스탄의 소수민족이다. 종교 또한 다수파인 이슬람교 수니파에 비해 소수파인 시아파로 다른 민족으로부터 박해를 받아왔고, 탈리반 정권에 의해 대규모 학살을 당하기도 하였다. 이들은 박해를 피해 일본으로 왔지만 난민불인정, 강제수용이라는 또 다른 박해를 당하게 된 것이다. 그 중에는 절망감으로 자살을 기도한 사람도 있었다.[1] 이처럼 난민이 분명한 사람들을 난민으로 인정하지 않고 자국으로 강제송환하는 비인도적인 처우가 가능한 것은 일본의 난민제도가 '난민봉쇄국'이라고 해도 과언

1　코다마 코우이치(兒玉晃一), 「동물이 되고 싶다—수용된 아프가니스탄 난민」, 난민을 생각하는 네트워크 편 『난민쇄국 일본을 바꾸자』, 현대인문사(2002년) 참조.

이 아닐 정도로 난민에 대해 문호를 굳게 닫고 있기 때문이다.

난민조약[2]은 "인종, 종교, 국적 혹은 사회적 집단의 구성원 또는 정치적 견해를 이유로 박해를 당할 우려가 있다는 충분히 근거 있는 두려움을 가지고 있기 때문에 국적국의 외부에 있는 자"로 "그 국적국의 보호를 받을 수 없거나" 또는 박해를 당할 수 있다는 두려움 때문에 "그 국적국의 보호를 받을 것을 희망하지 않는 자……" 등을 '난민'으로 정의하고, 조약체결국에게 이 사람들을 보호할 의무를 부과하고 있다. 일본정부는 국제적인 여론에 밀려 1975년 이후 최근까지 인도차이나 3국의 '보트피플' 약 1만 명을 난민으로 받아들였다. 그러나 일본정부는 1981년 난민조약을 비준했음에도 불구하고 여전히 난민을 받아들이는 데 소극적인 태도로 일관하고 있다.[3]

일본정부의 소극적인 태도는 무엇보다 난민인정수가 극히 적다는 사실을 통해 알 수 있다. 〈표1〉에서 볼 수 있는 바와 같이, 난민조약에 가입한 이후부터 2005년 말까지 25년 동안 일본정부가 난민으로 인정한 사람은 총 376명에 불과하다. 이를 〈표2〉 선진 10개국의 난민인정

〈표1〉 일본의 난민인정자 수

연도	인정수
1995	2
1996	1
1997	1
1998	16
1999	16
2000	22
2001	26
2002	14
2003	10
2004	15
2005	46

＊ 법무성 입국관리국.

〈표2〉 선진 10개국의 난민인정자 수(2004년)

미국	21,148
영국	17,110
캐나다	16,005
프랑스	15,866
스위스	11,687
호주	6,548
네덜란드	5,463
노르웨이	4,141
스웨덴	3,692
독일	3,031
일본	24

＊ UNHCR Japan. 표의 수치는 난민인정 외 이의신청, 사법 심사, 인도적 배려 등에 의해 난민을 받아들인 건수도 포함.

자 수(2004년)와 비교해보면 일본정부가 난민에 대해 얼마나 폐쇄적인지 확연하게 드러난다.

전 세계 GDP 총액의 12%를 차지하는 일본의 난민인정자 수가 세계 각국에서 받아들인 난민의 0.01%(24명)에 불과하다는 것은 부끄러운 사실이다.

난민신청자의 처우에도 문제는 많다. 2005년에는 터키 국적의 쿠르드인 2명이 터키로 강제송환된 사례가 있었다. 이 사람들은 유엔 난민고등판무관(UNHCR)이 난민으로 인정하고, 일본에 받아들여지지 않을 경우 제3국에 정주할 방법을 찾고 있던 중이었다. 이 사건에 대해서는 UNHCR도 일본에 유감을 표명하고[4] 이런 송환은 농르플르망(non-refoulement) 원칙[5]에 위배된다는 점을 지적하였다. 이에 앞선 2004년 6월에는 입국관리국 직원이 터키에서 군과 경찰을 포함한 정부당국과 협력하여 난민신청자의 출신 지역을 방문하고 가족들에게 질문하는 등 신청자의 비밀을 지킨다는 원칙을 무시한 조사활동을 벌이기도 하였다.[6] 2002년에는 나고야(名古屋)에서 아프가니스탄 출신의 하자라족 난민신청자가 자살한 사건이 있었다.[7] 난민신청자를 장기무기한 수용하는 일도 일상적으로 일어나고 있다(10장 참조).

2　'난민의 지위에 관한 협약'(1951년 유엔 채택)과 '난민의 지위에 관한 의정서'(1966년 유엔 채택)를 총칭한다.

3　도이 카나에(土井香苗), 「난민인정의 현황과 경과」, 이주련 정보지 『Migrants' ネット』 2005년 12월호.

4　2005년 1월 18일자 UNHCR 보도자료.

5　박해 받을 위험이 있는 지역으로 난민을 추방하거나 송환하는 것을 금지한 국제법상의 원칙. 난민조약 제33조 1항에도 명문화된 규정이 있다.

6　오오하시 타케시(大橋毅), 「법무성 터키 조사의 실태」, 『Migrants' ネット』 2005년 12월호.

7　오오누키 켄스케(大貫憲介), 「A씨는 왜 죽었는가」, 『난민쇄국 일본을 바꾸자』, 현대인문사(2002년) 참조.

이런 사태가 발생한 것은 일본의 난민제도 자체에 근본적인 문제가 있기 때문이다.

첫째, 난민에 대한 일본정부의 기본적인 자세 문제이다. 법무성은 난민인정율이 다른 국가에 비해 낮은 편이 아니라고 변명하지만 실상은 그렇지 않다.[8] 그보다 더 큰 문제는 난민 신청자 자체가 적다는 것이다.[9]

둘째, 난민을 받아들이기 위한 제도가 정비되어 있지 않다. 현재는 외국인의 입국과 체류를 관리하기 위해 설치된 입국관리국이 초법적 보호를 필요로 하는 난민 인정업무를 담당하고 있어서 입국심사관이 난민조사관을 겸하도록 하고 있다. 이 때문에 입관난민법 위반으로 인한 출두와 난민신청을 같은 창구에서 해야 하므로 신청자는 더 큰 위험을 감내해야 한다. 난민조사관도 전문적 지식이 없는 경우가 많고, 난민 인정 과정에서 저지른 실수가 재판을 통해 번복되는 사례가 연이어 발생하기도 하였다.

셋째, 난민에 대한 지원이 전적으로 부족하다. 우선, 체류자격이 없는 신청자는 공식적으로 신청기간 중에 취업이 허용되지 않는다. 그러나 생활지원은 한정되어 있고 관련제도 또한 제대로 알려져 있지 않다. 법적 절차에 대한 지원도 불충분하다. 입국관리국이 생활지원제도가 있다는 것을 알려주지도 않고 담당기관에 연락도 하지 않은 채, 난민신청자를 가석방한 탓에 생활비와 의료비도 없는 상태에서

---

8   오오하시(大橋), 세키(關), 「일본의 난민인정 수, 인정율은 다른 국가와 비교하여 어떠한가」, 『난민쇄국 일본을 바꾸자』, 현대인문사(2002년) 참조.

9   2004년 전 세계 난민신청자가 676,400명인데 반해 일본의 신청자 수는 660명으로 0.09%에 지나지 않는다. 상위 5개국은 프랑스 17.34%, 영국 11.11%, 독일 7.40%, 미국 6.64%, 호주 4.55%이다.

NGO가 지원하여 제도적용을 받은 사례도 있다. 2004년 입관난민법 개정으로 난민인정 후 안정된 체류자격(정주자)이 주어지게 되었지만, 생활보장과 취업, 자립 지원은 여전히 불충분하다.

난민에 대한 처우는 그 나라 인권의식의 측량계라고 할 수 있다. 국제사회의 신뢰와는 너무나 거리가 먼 일본의 현 상황을 어떻게 바꾸면 좋을까! 난민인정을 요구하는 사람들과 고통을 함께 나누기 위해 노력해온 NGO 입장에서 필요한 시책을 생각해보고자 한다.

기본 체제 정비

비호(庇護)희망자가 일본에서 난민신청을 하게 된 경위는 다양하며, 그들은 입국신청부터 난민인정 이후 생활 안정에 이르기까지 다양한 측면에서 지원을 필요로 한다. 때문에 아래와 같은 포괄적인 지원 시스템을 정비할 필요가 있다.

(1) 독립된 법률 정비

비호희망자와 난민신청자는 출국 자체가 곤란하므로 여권과 비자 취득 등 정상적인 출국절차를 밟는 것이 거의 불가능하다. 따라서 이들을 통상적인 출입국관리 틀 내에 포괄하는 것은 무리이며 독자적인 법적 구조가 필요하다. 현재의 입관난민법(출입국관리 및 난민인정법)에서 '난민인정법'을 분리하여, 비호희망과 난민신청 의사를 표명한 외국국적자는 우선 난민인정법의 적용을 받도록 하고, 입관난민법의 적용에서 제외할 필요가 있다.[10]

난민인정법에는 비호희망자, 난민신청자, 인정난민 및 난민에 준하는 인도적 배려를 요하는 것으로 인정된 사람들과 관련 사항을 포괄적으로 규정하여, 정부로부터 독립된 난민인정기관 설치(다음 항 참조)를 포함하여 이 장에서 서술하는 여러 가지 시책을 위한 법적 근거가 되도록 해야 한다.

(2) 정부로부터 독립된 난민인정기관 설치

난민은 극히 다양하고 복잡하게 얽힌 정치, 사회, 문화적 배경으로부터 발생한다. 따라서 난민인정과정에는 고도의 전문성과 조사능력, 정보축적이 필요하며 입국심사관이 연수를 받는 정도로는 적절한 판단능력을 갖추는 것이 불가능하다. 현재는 난민조사관이 신청자의 출신국에 관한 정보를 가지고 있지 못한 경우가 많기 때문에 일본 입국 후의 사정에 대해서만 질문할 수 있을 뿐이다. 오사카의 어떤 조사관은 '난민신청자가 진술서를 작성할 때 같은 나라에서 온 다른 신청자가 돕도록 하면 어떨까' 라는, 난민신청자의 상황과 비밀보장 원칙에 관한 인식부족을 드러내는 발언을 하기도 하였다.

난민인정에는 독립된 정보원이 제공한 출신국 정보가 중요한 역할을 하게 된다. 예를 들어 일본정부는 이라크, 아프가니스탄, 파키스탄 관련 정보를 얻는데 미 국방성에 의존하고 있지만 이것을 객관적 정보라고 보기는 어렵다. 호주의 경우, 버마인 난민신청자의 난민심사에 재일 버마대사관 직원이 제공한 정보를 이용함으로써 많은 난민신

---

10 제159국회(2004년)에서 민주당이 '난민의 보호에 관한 법률' 안을 제출하였으나 폐안 되었다. 이 법안은 기본적으로 우리의 생각과 비슷하다.

청자에게 불인정처분을 해왔다. 이에 대하여 버마 연구자가 문제를 제기하기도 하였다. 이런 사례들은 외무성 정보에 의지하여 난민인정 심사를 하는 것이 오류를 낳을 수 있는 위험성을 가지고 있음을 시사하는 것이다. 오히려 국가 간 이해관계로부터 비교적 자유롭고, 난민의 출신지역과 깊이 연관되어 있는 국제사면위원회(Amnesty International)와 Human Rights Watch(HRW) 등의 NGO 보고서와 언론 보도를 신뢰할 만한 객관적 정보로 수용하는 편이 적절한 경우가 많다. 그러나 이것은 정부기관으로서는 대단히 어려운 일이다.

더욱이 난민인정은 해당 정부를 '난민을 발생시키는 정부'라고 인정하는 것이 될 수밖에 없기 때문에, 정부기관은 신청자의 출신국 정부와의 외교관계 때문에 난민인정을 하지 않게 되는 경우가 생긴다.

가능한 이 같은 정치관계의 영향을 받지 않고, 정보와 자료 축적이 가능하며, 난민지원을 포괄적으로 담당할 수 있는 기관으로서 독립된 '난민인정위원회'(가칭)를 설치할 필요가 있다. 이 기관은 정부로부터 독립된 제3의 기관으로 전문가, NGO 대표 등을 포함하여 구성하고, 난민에 관한 모든 사항을 포괄적으로 다루도록 한다.

(3) 난민에 대한 생활지원제도 확립

비호희망자와 난민은 일본에 입국하면서부터 이미 무거운 부담을 지고 있어서 난민신청에서 인정을 거쳐 정주에 이르는 여러 단계에서 지원이 필요하다. 여기에는 경제적 지원, 취업 지원, 정신적 지원 프로그램, 의료 지원 등이 포함된다. 그 중 일부는 이미 난민사업본부(재단법인 아시아복지교육재단)가 외무성, 문화청, 후생성의 위탁을 받아 실시하고 있으나,[11] 위탁형식이 아니라 국가에 대한 예산청구권을 가지는 독립된 기관(전 항 참조)에 의해 당사자의 필요에 맞는 지원이 이루어져야 한다. 이를 위해서는 '난민지원센터' (후술)를 전국 각지에 배치하는 것이 바람직하다.

구체적인 제도 개선과 지원

현재의 난민인정제도는 많은 문제점을 가지고 있고, 난민이 직면하고 있는 구체적인 문제 또한 다양하다. 이에 대응하기 위해서는 앞서 서술한 바와 같이 기본 체제를 정비하는 것과 동시에 제도를 조금이라도 개선하려는 적극적인 노력 또한 필요하다. 아래에서는 이와 관련된 여러 가지 방안을 제시해보고자 한다.

(1) 난민입증 책임

법무성은 난민입증책임이 본인에게 있다고 판단한다. 그러나 입증을 위한 자원이 전혀 준비되지 않는 상태에서 부여되는 본인 입증책임은 법무성의 보호책임을 회피하려는 구실로 이용되고 있다. 대부분의 난민은 위조한 여권으로 출국하고 출국할 때 신원을 숨겨야 한다. 그러나 일본에 입국해서 난민으로 체류하기 위해서는 자신이 주장하는 경력을 뒷받침할 수 있는 증거제출을 요구 받는, 극도로 모순된 상

---

11 생활비원조는 난민사업본부가 1983년부터 실시해오고 있던 것을, 1995년부터 외무성의 위탁을 받아, 난민신청자 중 난민사업본부의 조사에 근거하여 외무성이 생활곤궁자라고 인정한 사람에 대해서, 위탁예산의 범위 내에서 보호비(생활비, 숙박비, 의료비) 명목으로 지급하고 있다.

황에 처하게 된다. 또한 현행 난민심사에서는 제출된 물증의 진위 여부가 중시되고 있다.

난민신청자가 제기하는 주장의 신빙성을 평가하기 위해서는 평가하는 측이 출신국에 관한 상세한 정보를 가지고 있어야 한다. 예를 들어 이란의 "○○형무소에 수감되어 있었다"라고 이란인 난민신청자가 주장하는 경우, 그 형무소의 내부구조, 식사, 직원복장 등, 인터넷을 통해서도 입수할 수 없는 정보를 난민심사당국이 가지고 있다면, 신청자에 대한 질문을 통해 그 신빙성을 평가할 수 있을 것이다. 여기서 입증책임은 오히려 심사하는 측에 있다. 물적증거제출이 주장의 신빙성 평가를 크게 좌우하는 것은 난민에게 처음부터 불가능한 것을 요구하는 것과 같다. 신청인의 진술이 거짓일 경우에도 입증책임은 심사하는 측이 져야 한다. 심사하는 측이 난민전용도서관을 설치하는 등 난민이라는 주장을 뒷받침할 수 있는 일반적인 정보를 수집해서 신청자에게 제공해야 한다. 또한 인터넷 이용체제를 정비하여 신청자 자신이 인터넷을 통해 유효한 정보를 검색, 입수할 수 있도록 해야 한다.[12]

(2) 연구원 제도 도입

개별입증 과정에서 출신국의 친구와 가족, 소속정당 등이 제공하는 증명, 진단서, 사망증명서, 잔고증명서, 변호사가 제공한 정보, 사진 및 기타 물증 제출이 요구된다. 물증뿐 아니라 물증을 입수하기까

---

12   European Country of Origin Information Network(http://www.ecoi.net)는 인터넷을 통해 광범위하고 유용한 출신국 정보를 제공하고 있다. 이 기관은 UNHCR 이외에 유럽의 난민심사기관으로부터 경제적 지원을 받고 있으며, NGO와도 협력하고 있다.

지의 과정을 문서화한 서류가 요구되는 경우도 많다. 이런 입증 관행은 대부분의 신청자에게 생소한 일이며, 적절한 조언이 없는 한 효과적으로 대응하기 어렵다. 따라서 신청자는 개별입증과 증거수집에 관한 조언과 원조를 필요로 하며, 이런 필요에 대응할 수 있는 '연구원' 제도를 도입해야 한다. 연구원은 각 지역에 있는 '난민지원센터' (다음 항 참조)가 유급직원으로 고용하여 신청자에게 필요한 정보를 제공하는 역할을 담당하도록 한다.

(3) 난민지원센터 설치

난민신청자가 쉽게 이용할 수 있는 정도의 거리에 지역별로 '난민지원센터' 를 설치하여, 신청절차 지원, 법률 조언, 생활과 의료 상담, 정신적 보살핌을 받을 수 있도록 한다. 센터는 난민지원 NGO와 협력하여 운영한다. 난민지원센터 운영은 전술한 '난민인정위원회' 가 설치된 후에는 그 사업의 일부가 되도록 한다.

(4) 원문으로 된 증거 제출 인정

출신국 정보는 대부분 영문으로 되어 있다. 그러나 현 제도는 신청자가 유용한 증거를 입수하더라도 그것을 일본어로 번역해서 제출하도록 요구하고 있다. 신청자가 이런 의무를 부담하도록 하는 것은 불합리하고 비현실적이다. 적어도 핵심적인 내용에 대한 지적을 첨부해서 영문 혹은 원문 그대로 제출할 수 있도록 해야 한다. 특히 이의신청 단계에서 번역의무를 부담하도록 하는 것은 공평성을 완전히 상실한 처사이다.

(5) 가석방원칙 확립

2004년 입관난민법 개정을 통해 '임시체류' 제도가 신설되어 난민신청을 하고 임시체류가 인정된 사람도 있다. 그러나 이 제도는 입국후 6개월 이내에 신청해야 하고(6개월 규칙), 출신국에서 곧바로 입국해야 하는 등 조건이 엄격해서 대부분의 난민신청자는 이용이 불가능하다. 또한 강제퇴거명령서가 발부된 난민신청자는 대상에 포함되지 않는다. 난민신청자 입장에서는 입국관리국에 수용되면 사실상 난민입증이 어려워지기 때문에 가능한 수용을 피하려고 한다. 신청이 늦어지는 것은 현행 제도가 잘 알려져 있지 않고 제도에 대한 신뢰성이 낮은 결과이기도 하다. 입국관리국에 수용되는 것은 무기한 감금이며 사실상 입증을 불가능하게 하는 징벌적인 성격을 가진 것이다. 인도적 견지에서, 임시체류요건에 해당되지 않는 경우라도, 난민신청자는 일단 가석방하는 것을 원칙으로 하고, 독립적인 '난민인정법' 이 제정되면 이를 법문에 명기해야 한다.

(6) 비밀보호 보장

외국국적자가 입관난민법 위반으로 단속, 적발되면 출신국에 신원조회를 의뢰한다. 그때 출신국의 재일공관은 그 사람에게 강제퇴거명령서가 발부되었는지를 파악한다. 가짜 이름과 가짜 여권으로 입국했거나 여권을 분실해서 신원을 확인할 수 없는 사람도 입국관리국이 재일공관에 신원을 조회하고 있는 것으로 판단된다. 이런 절차는 난민신청자의 경우 그의 존재를 난민을 박해한 국가에 알리는 것과 같다. 난민신청을 했다는 것을 명시적으로 알리지 않더라도 조회를 의

뢰 받은 재일공관이 난민신청자로 짐작할 수도 있다.

난민신청자를 위험에 노출시키는 신원조회를 피하기 위해서는 다음과 같은 조건이 필요하다.

① 우선 단속 당국이 적발당한 본인에게 난민신청을 희망하는지 여부를 확인한 후, 대사관에 신원조회를 의뢰하는 것에 대해 본인에게 동의를 구하는 것을 의무화할 것.

② 그 과정을 녹음·녹화하고 동의를 구했다는 증거가 없는 한 입관난민법 위반 조사를 무효로 하는 규정을 법에 명기할 것.

(7) 난민조사과정의 녹음, 녹화

난민조사 인터뷰는 밀실에서 이루어진다. 2004년 입관난민법이 개정되어 이의제기 단계에서 조사과정을 녹음할 수 있게 되었지만, 참관인이 참여하는 심문제도가 도입되는 대신 조사관에 의한 인터뷰가 없어짐으로써 결과적으로 조사과정을 녹음할 필요가 없게 되어 버렸다. 일본에서는 조사과정이 잘 공개되지 않기 때문에, 형사사건 혐의를 받고 입관난민법 위반으로 입건되었을 경우, 부적격한 통역자나 조사관의 성의 없는 조사로 사실과 다르거나 사실을 생략한 진술을 강요당하거나 진술이 위조되는 경우가 지속적으로 발생하고 있다.

예를 들면 "진술에 구체성이 없다"는 것이 불인정 사유가 되는 경우가 많다. 그러나 진술의 구체성은 질문하는 측이 어떤 질문을 했는지, 신청자가 말한 내용을 정확하게 기록했는지 등 조사하는 측의 자세와 지식, 질문 내용에 크게 의존한다. 자의적인(그럴 우려가 있는) 질문에 의한 진술조서가 아니라, 테이프와 비디오에 의한 녹음, 녹화를 통해 난민조사의 검증력을 높여야 한다. 호주 난민재심사심판소는 테이프에 근거하지 않고 조사관이 작성한 진술서는 원칙적으로 증거로 채택하지 않는다. 이를 참조해야 할 것이다.

(8) 불인정사유 명시 및 불이익을 가져오는 정보 공개와 해명 기회 보장

녹음, 녹화한 증거에 의한 검증이 불가능한 경우 "진술에 구체성이 없다"는 것이 불인정 사유가 될 수 없도록 해야 한다. 예를 들면, 호주 난민재심사심판소의 결정서에는 '본인의 주장과 증거', '독립적인 일반 정보', '소견과 이유' 등으로 사유서의 항목이 공식화되어 있다. 또한 신청자의 난민적합성을 부정하는 근거가 된 정보를 신청자 본인에게 제시하여 해명을 받고, 그 해명의 내용, 태도 등을 신빙성을 평가하기 위한 근거로 삼고 있다. 대부분의 경우, 결정서는 A4용지 20페이지 분량 정도로 거의 판결문에 가깝다. 결정서에는 판정근거가 된 출신국 정보뿐만 아니라 어떻게 난민적합성을 평가했는지에 관한 과정도 기록되어 있다. 일본에서도 불인정 판단을 내린 명확한 이유와 근거를 충분한 설명과 함께 공개해야 한다.

(9) 이의제기 심사와 '난민심사 참관인' 제도 개선

2004년 법개정을 통해 이의제기 심사단계에 '난민심사 참관인'이 참여하는 심사 제도가 도입되었다. 이 제도를 통해 법무대신이 주관하는 폐쇄적인 심사과정에 처음으로 제3자가 관여할 수 있게 되었지만 내용면에서는 여전히 불충분하다.

우선, 독립된 전문심사기관이 난민조사를 실시하는 것이 세계적인 추세인 반면, 일본 법무성은 파트타임으로 고용된 참관인에 의한 심사제도를 선택하였다. 더욱이 대리인의 입회가 한두 사람에 한정되어 있고, 불인정된 1차 심사의 조서가 사전에 공개되지 않기 때문에 불인정 사유를 세밀하게 조사하여 유효한 반론을 준비하는 데 상당한 어려움이 있으며, 증거제출기한이 극히 짧고 심문 시간이 제한되어 있어서 상세한 재심사를 하는 것이 도저히 불가능한 한계를 가지고 있다. 게다가 현재의 이의제기절차는 참관인의 사정을 우선적으로 고려하고 있어서 신청자에게 충분한 반론기회가 주어지지 않고 있다.

장기적으로는 '난민인정위원회' 가 심사를 담당해야겠지만 단기적으로는 이런 점들이 우선 개선되어야 할 것이다.

(10) 난민불인정 처분 취소 · 무효 확인 소송에 관하여

재판관의 대부분은 국제규범을 준수하는 데 소극적이고, 행정사건의 연장선상에서 난민사건을 다루고 있을 뿐이다. 재판관은 난민신청자가 주장하는 본인의 경력을 일반적인 출신국정보와 결부시킨 증거에 준하여, 원고가 출국할 수밖에 없었던 상황과 출신국의 모든 권력관계를 생생하게 이해하고 그려낼 수 있어야 한다. 이를 위해서는 대부분이 영문인 문헌을 조사할 필요가 있지만 재판관의 대부분은 그런 노력을 회피하고 있는 것으로 판단된다.

현재로서는 유효한 자료를 증거로 제출하기 위해서 번역작업이 불가피하다. 그러나 원고의 대부분은 변호사 비용을 지불할 능력도 없다. 일부 헌신적인 변호사의 적극적인 활동도 한계에 달해서 난민사건 변호는 거절당하는 경우가 많다.

이런 상황을 극복하기 위해서는 난민사건에 대한 법률지원제도를 정비하는 일이 시급하다. 그와 동시에, 앞서 언급한 도서관 사업의 일환으로 번역 사업을 실시하고, 대리인이 신청할 때 번역비용을 제공하며, 번역된 문헌을 축적하고 제공해야 한다.

또한 입국관리국 당직변호사제도를 설치하여, 강제수용된 난민신청자 및 비호희망자가 공항에서부터 신속한 법적지원을 받을 수 있도록 해야 한다. 이를 위해서도 법률부조제도를 확립하는 것이 필수적이다.

그리고 어떤 심급(審級)에서라도 비호희망자가 난민으로 인정받았을 경우, 그 결정을 번복할 수 있는 중대하고 명확한 증거가 존재하지 않는 이상 보호를 기본으로 하는 운영방침을 확립해야 한다.

난민인정제도는 난민보호와 인권침해 방지의 일환으로 자리매김해야 하므로 재판소가 인정하는 수준의 객관적 입증사실을 존중하고, 정부 측의 공소, 상고는 원칙적으로 금지해야 한다.

(11) 난민신청자 송환 후의 추적조사

일본의 난민인정제도가 적절한지 여부는 난민불인정 처분을 받고 송환된 사람들에 대한 조사를 어떻게 하고 있는지를 통해 판단할 수 있다. 난민보호는 인권의 최후의 보루이며, 국가 또는 그에 상당하는 권력을 지닌 조직에 의한 구조적 폭력으로부터 이름 없는 개인을 보호한다는 힘겨운 시도이다. 그 과정에서 실수가 생기지 않도록 추적조사에 최선의 노력을 기울여야 할 것이다. 이미 호주의 NGO와 영국의 저널리스트가 송환 후의 비호희망자 상황에 대한 조사를 실시하고 있다. 법무성은 UNHCR, HRW, 국제사면위원회 등의 국제인권기관과 일본의 난민지원기관에 송환 후의 신청자 상황에 대한 추적조사를 의뢰하여, 송환된 비호신청자에게 피해가 가지 않는 한 그 결과를 공개해야 한다.

제언

1. 아래와 같이 '난민인정법'을 제정한다.

(1) 이 법률은 난민조약의 완전실시 및 난민 또는 이에 준하는 인도적 배려를 요하는 자의 비호를 목적으로 한다.

(2) 이 법률의 집행기관으로 정부로부터 독립한 '난민인정위원회'(다음 항 참조)를 설치한다.

(3) 난민신청부터 인정을 받고 일본사회에 정주, 자립할 때까지 지원을 보장한다.

(4) 입국할 때나 입국한 이후, 비호희망 또는 난민신청 의사를 밝힌 자는 이 법률의 적용을 받고, 심사가 끝날 때까지 입관난민법 적용을 면제받는다.

(5) 입관난민법의 난민조항은 삭제한다. 단, 난민인정법에 의해 난민 혹은 이에 준하는 인도적 배려를 필요로 한다고 인정된 자는 입관난민법에 의한 체류를 인정받는다(2장 제언 3 - (1) - ② - b - 2 "인권의 측면에서 인정될 수 있는 체류"의 항 참조).

2. 아래와 같이 '난민인정위원회' (가칭)를 설치한다.

(1) 이 위원회는 전문가(변호사 포함), NGO 대표, 정부위원, 국회의원, 난민으로 인정받은 자를 포함한 위원으로 구성하고, 위원은 총리대신의 지명과 국회 승인을 거쳐 임명한다.

(2) 이 위원회는 다음 업무를 수행한다.

① 난민신청 심사와 난민인정 및 난민에 준하는 인도적 배려를 요하는 자의 인정.

② 난민의 출신지역에 관한 자료와 정보 수집.

③ 난민신청자의 생활 지원, 난민인정 후의 정주, 자립 지원 등.

④ '난민지원센터' (다음 항 참조) 운영.

(3) 이 위원회는 정부기관으로부터 독립된 사무국을 가지고, 그 예산은 국가가 지원한다.

3. 난민 및 난민신청자가 많이 사는 지역에는 '난민지원센터'를 설치한다.

(1) 이 센터의 예산은 국가와 자치단체가 지원한다.

(2) 이 센터에 유급 '연구원'을 고용하여 자료와 정보를 수집하고, 난민신청자에게 자료와 조언을 제공하도록 한다.

(3) 이 센터에 도서자료실과 인터넷을 설치하여 난민 및 난민신청자가 자유롭게 사용할 수 있도록 한다.

(4) 이 센터는 난민 및 난민신청자를 대상으로 다음 사업을 수행한다.

① 생활 상담과 경제적 지원.

② 상담과 정신적 보살핌(care).

③ 취업 지원.

④ 의료기관 소개와 통역 알선.

⑤ 일본어교육을 포함한 자립지원.

⑥ 주거 알선과 지원.

⑦ 난민지원 NGO와 협력 및 그 육성.

4. '난민인정법' 이 제정될 때까지 현행 난민심사에 관한 아래 사항을 개선한다.

(1) 난민입증에 지장을 초래하지 않도록 난민신청자에게는 원칙적으로 가석방을 인정한다.

(2) 난민신청자의 가석방 중 취업을 허가한다.

(3) 난민신청자의 진술이 사실이 아니라고 판정했을 경우 입증책임은 심사하는 측이 진다.

(4) 난민입증 서류와 정보 등은 원문으로 제출할 수 있도록 하고, 번역은 심사기관의 책임으로 한다.

(5) 난민조사 인터뷰는 테이프로 녹음, 녹화하여 이의제기나 행정소송 시 참조할 수 있도록 보존한다.

(6) 난민신청자의 출신국 재일공관에 본인의 동의 없이는 신원을 조회하지 않는다.

(7) 난민불인정 판결이 내려졌을 경우 다음 조건을 갖춘 상세한 이유 개시(開示)를 한다.

① 명확한 불인정 사유와 근거를 충분하고 상세하게 제시할 것.

② 신청자에게 불리한 판정 근거가 된 증거를 본인에게 제시하고, 해명기회를 주며, 그 해명이 부적절한 것으로 판정되었을 때는 그 근거를 명시할 것.

5. '난민인정법'이 제정될 때까지 현재의 이의신청제도에 관한 아래 사항을 개선한다.

(1) 난민심사 참관인의 정수를 대폭 늘리고 심사에 충분한 시간을 보장한다.

(2) 대리인의 입회에 인원수 제한을 두지 않는다.

(3) 불인정된 1차 심사 조서를 사전에 공개하고, 유효한 반론을 준비할 수 있는 충분한 시간을 보장한다.

6. 난민에 관한 소송을 공정하게 하기 위하여 다음 시책을 시행한다.

(1) 난민사건의 소송을 담당하는 재판관은 난민조약에 관한 충분한 연수를 받도록 한다.

(2) 난민에 관한 소송을 법률부조 대상에 포함시킨다.

(3) 입국관리국 당직변호사제도를 설치하여 신속한 법적지원을 받을 수 있도록 한다.

(4) 난민소송대리인이 신청하면 난민지원센터는 증거 등 필요한 서류번역을 무료로 제공하거나 번역비용을 보조한다.

(5) 어떤 심급에서라도 판정을 통해 난민인정을 받았을 경우, 국가는 공소 혹은 상고하지 않는다. 장기적으로 난민인정법에 이를 명문화한다.

7. 난민신청이 불인정되어 강제송환된 사람의 송환 후 경과에 대하여 국가가 책임지고 추적, 조사한다. 이를 위해 관계기관과 NGO의 협력을 요청한다.

수용과 강제퇴거 10장

단속과 수용

일본에 체류하는 외국인이 입관난민법 위반으로 단속[1]되면, 입국관리국 수용시설[2]에 강제수용되어 강제퇴거 처분을 받게 된다.

거품경제 붕괴 후, 경찰과 입국관리국은 '외국인'을 위험시하는

1 입국관리국은 귀국할 목적으로 자진 출두해 강제퇴거 절차를 밟고 있는 외국인도 여기에 포함시키고 있다. 최근 각 년도의 입관난민법 위반건수는 다음과 같다(법무성 회답 참조). 체류특별허가건수에 관해서는 5장 참조.

	1999년	2000년	2001년	2002년	2003년	2004년
입관난민법위반 총건수	55,167	51,459	40,764	41,935	45,910	55,351
자진출두신고	38,398	36,251	22,447	24,131	23,003	29,336
단속	5,712	6,257	7,539	5,237	6,180	9,173
타기관의 인수인계	9,715	7,534	8,955	9,036	11,942	16,842
기타	1,342	1,417	1,769	3,531	4,785	–
송환자수	50,381	45,145	35,380	33,788	35,911	41,926

정보를 계속해서 흘리고 있다. 동시에 많은 외국인이 단속을 받고 강제수용, 강제퇴거당하였다. 특히 아시아, 아프리카, 라틴아메리카 출신자는 입국심사를 강화해서 입국 자체를 원천봉쇄하는 작전을 펼치기도 하였다. 그 결과, 1991년에서 1994년 사이에 수용시설이 계속 과잉상태가 되면서 피수용자에 대한 열악한 처우와 고문이 자주 발생하였다. 이것이 사회문제가 되어 수용시설의 상황이 일정 부분 개선된 것으로도 보였다. 그러나 2003년을 기점으로 정부 주도의 불법체류자 반감정책(1장 참조)과 입국관리국의 이메일 신고 제도[3] 등 체류자격이 없는 외국인에 대한 단속이 강화되었다. 이와 더불어 수용 외국인 수가 급증하면서 수용시설 내 고문과 폭력적인 대우가 또다시 문제가 되고 있다.[4]

한편, 1990년경 이후 버마, 쿠르드, 아프가니스탄, 중국 등지에서 난민으로 보호를 원하는 사람들이 일본으로 건너오기 시작하였다. 그러나 일본은 난민에 대해 여전히 문호를 닫고 있는 상태여서(9장 참조) 난민 인정을 받지 못하고 강제수용되는 난민신청자가 급증하였고, 그 중 다수는 입국관리국 수용시설에 무기한 장기수용되었다. 이

---

2 일본 입국관리국의 강제수용시설에는 다음 두 종류가 있다. 첫째, '수용장'은 각 지방 입국관리국 관할로 비교적 단기 수용을 위한 것으로, 수용 정원은 1,610명이다. 둘째, '수용소'는 장기 수용을 위한 것으로 오오무라(大村) 출입국관리센터(나가사키(長崎)현 오오무라시), 니시니혼(西日本) 출입국관리센터(오사카후(大阪府) 이바라키(茨木)시), 히가시니혼(東日本) 출입국관리센터(이바라키현 우시쿠(牛久)시)의 3곳이 있으며, 수용 정원은 1,800명이다.

3 2004년 2월 시작(12장 참조).

4 예를 들면 2005년 말, 전년도에 발생했던 폭행, 의료사고 세 건에 대해 국가배상을 요구하는 소송이 제기되었다. 이 소송들은 히가시니혼 출입국관리센터에서 직원에게 폭행을 당하고도 적절한 치료를 받지 못하여 후유증이 남거나, 현저한 정신적 고통을 입은 외국인 3명이 국가를 상대로 배상책임을 청구한 것이다.

러한 비인도적인 장기수용은 입국관리국 직원과 피수용자 간에 마찰을 일으키고, 폭력과 고문을 유발할 뿐 아니라 피수용자의 건강을 해치고, 그 과정에서 수용시설 내 의료체제 문제가 불거져 나오기도 하였다.

수용시설 내의 처우

현행 입관난민법에는 수용과 강제퇴거 절차 대부분이 법무대신의 재량에 맡겨져 있어서 피수용자와 강제퇴거대상자의 인권이 보장되지 않고 있다. 입국관리국 수용시설의 처우에 관한 공개된 규칙이 있지만,[5] 그 운영 및 처우 실태는 거의 공개되지 않고 있어서 수용시설은 여전히 밀실 같은 상태로 남아 있다. 1994년 이후에 실시한 NGO 조사는 강제퇴거와 입국심사 과정이 인권침해의 온상이 되고 있음을 확실히 보여주고 있다.[6] 이 조사에서 드러난 피수용자의 처우와 관련된 인권문제는 다음과 같은 것들이다.

(1) 외부와 교통할 권리 문제

수용시설의 투명성을 확보하기 위해서는 편지와 전화 등을 통해서 외부와 교통하는 것이 필수적이다. 지원단체, 본국 영사관, 변호사와 접촉하는 데 제한을 받아서는 안 되지만 실제로는 이러한 권리에 대

---

5   '피수용자처우규칙' 및 '처우세칙'.
6   이 조사 결과는 입관문제조사회 편 『밀실의 인권침해』(현대인문사, 1996년)에 보고되었다.

해 여러 가지 제약이 가해지고 있다. 예를 들면, 히가시니혼 센터에서
는 외부로 거는 전화는 9시에서 11시 반 사이와 13시에서 16시 반 사
이에만 가능하다는 것이 수용소 규칙으로 정해져 있다. 그러나 이 시
간대에는 직장에서 일하고 있는 친구와 통화하거나, 시차가 있는 본
국에 전화를 걸기 어렵다. 이에 대해 히가시니혼 센터는 "외부통화의
허가여부는 어디까지나 그때그때의 상황판단에 따른 것으로, 점차 자
유롭게 할 수 있는 성질의 것은 아니다. 이러한 인식에는 앞으로도 변
함이 없다"는 견해를 밝혔다.[7] 이는 외부와 교통할 수 있는 권리가 피
구금자의 권리라는 인식이 결여되어 있음을 스스로 폭로한 것이다.
특히 인권침해가 발생할 위험이 높은 격리실(보호실) 수용 중에는 외
부로 거는 전화, 면회, 편지 등이 일절 금지되어 있다.[8]

(2) 통역 체제 문제

외국어가 가능한 직원이 너무 적어서 수용자의 제1언어로 조사를
하지 않는 경우가 많다. 권리 고지도 되지 않을 뿐 아니라 수용시설 관
리를 맡고 있는 경비원과 의사소통할 수 있는 통역 체제도 없어서 무
엇인가를 신청하거나 요구하는 것이 불가능하다.

(3) 의료 체제 문제

---

7 2005년 7월 지원단체가 요청한 자리에서 했던 답변.
8 2005년 10월 31일에서 11월 4일까지 히가시니혼 센터에 격리수용되어 있던 피수
용자는 수용기간 동안 변호사에게 연락하는 것을 포함해서 외부와 접촉하는 것이 일절 금
지되었을 뿐 아니라 샤워와 운동도 금지되었다.

장기수용자를 대상으로 한 '수용소'의 피수용자는 무기한으로 수용되는 경우가 많고, 이로 인해 입소 후에 여러 가지 증상(심인(心因)성 질환, PTSD(심적 외상 후 스트레스 장애), 위염/십이지장궤양, 고혈압 등)이 나타나고 있다. 특히 난민신청자의 경우 구속과 박해를 받았던 과거의 경험이 되풀이되는 과정에서 PTSD의 정신적 증상이 악화될 가능성이 높다. 그러나 수용소의 의료서비스는 대증요법에 한정되어 있어서 병의 악화에 충분히 대응하지 못하고 있다. 더욱이 항정신병제, 항불안제, 수면제, 진통제가 장기 투여되고 있다. 자살자해의 우려가 있는 사람도 단지 묶어두고 방치할 뿐 정신적 보살핌은 제공되지 않고 있다. 촉진(觸診)과 청진(聽診)을 비롯한 적절한 검사가 실시되지 않고 있어서 경추헤르니아(디스크)의 경우 1개월 이상, 결핵의 경우 6개월 이상 진단이 지연되고, 오진이 발생한 사례도 있다.

또한 통역이 없어서 질병과 처방약에 대해 설명하지 않는 경우가 많다. 그 때문에 피수용자는 처방약과 입국관리국 담당의사를 신뢰하지 않는다. 감염, 특히 결핵에 걸릴 확률이 높고, 강제송환 직후에 본국에서 결핵 진단을 받은 피수용자도 있다. 간염 및 HIV에 대해서도 적절한 대책이 없다. 병을 앓고 있던 피수용자가 가석방되거나 강제송환되더라도 입국관리국 담당의사는 수용 중에 복용하고 있던 약을 제공하지도 않고 의료기관에 소개장을 써주지도 않는다. 이와 같이 입국관리국의 의료의 질은 심각한 문제를 안고 있다.[9]

---

9   야마무라 준뻬이(山村淳平), 「상처 입은 난민–출입국관리 센터에 수용된 난민의 건강 상태 및 센터의 의료상황」『메디컬 아사히(メディカル 朝日)』2004년 2월호, 「상처 입은 재일외국인–입국관리국 수용소의 폭행, 투약에 의한 강제송환과 결핵환자의 장기수용」『메디컬 아사히』2004년 12월호, 「법무성 입국관리국 수용소의 인권침해–의사에 의한 실태보고」『법학 세미나』2005년 9월호 참조.

(4) 수용생활 문제

입소할 때 수용시설의 규칙과 권리를 피수용자가 이해할 수 있는 언어로 충분히 설명해주지 않는다. 샤워 횟수와 사용시간이 제한되어 있고, 운동을 할 수 없거나 제한되기도 한다.

(5) 격리실 문제

수용소 내의 사소한 규칙 위반에 대해서도 큰 벌칙을 주는 것이 문제가 되고 있다. 실제 격리실[10]이 징벌방으로 사용되어 고문 장소가 되는 경우가 많다.

(6) 개별 사회복지지도(casework) 부재의 문제

피수용자는 일본의 출입국관리제도를 잘 모르기 때문에 수용과 강제퇴거 절차를 이해하지 못하는 경우가 많지만 이에 대한 설명을 들을 기회가 없고, 인권침해를 당한 경우에도 이를 호소할 방법이 없으며, 일상생활에서 발생하는 여러 문제와 불안으로 인한 스트레스로 정신적, 육체적 건강을 해치는 경우도 많다. 그러나 현행 출입국관리 행정에는 이런 사태에 대처할 체제가 정비되어 있지 않고, 피수용자

---

10 도주할 우려가 있는 자, 자살미수와 자해행위를 한 자, 반항적인 태도를 취한 자 등을 수용할 목적으로 이용되는 다다미 3장 정도(약 2평) 넓이에 24시간 감시카메라가 작동하는 특수한 방. 화장실과 세면대는 바닥에 묻혀 있고 방에는 돌출된 면이 없다. 화장실은 직원이 밖에서 페달을 밟아서 물을 내리도록 되어 있다. 히가시니혼 센터에는 두 종류의 격리실이 있고 특히 밀폐와 격리의 정도가 높은 방을 보호실이라고 불러 구별하고 있다.

에 대한 개별적인 사회복지지도는 민간자원활동에 의해서만 이루어지고 있다.

(7) '이의신청' 제도가 제대로 역할하지 않는 문제

2001년 11월, 입관난민법에 기초한 '피수용자 처우규칙(법무성령)' 가운데 일부가 개정되어 피수용자의 처우에 관한 일부 사항이 개선되고, 이의신청제도가 도입되었다.[11] 그러나 제도도입이 실제 피수용자의 처우개선에 기여했다고 보기는 힘들다. 언론보도에 따르면 규칙이 개정된 이후 입국관리국 시설 내에서 직원에 의한 폭행이나 학대에 대한 이의신청이 68건[12] 있었지만 입국관리국 측은 이 모두에 대해 '이유 없음'으로 불인정 결정을 내림으로써 이의가 받아들여져 처우가 개선된 사례는 1건도 없었다. 이의신청을 내용별로 살펴보면, 직원에 의한 폭행이 5건, 모욕, 학대, 무시가 12건, 시설 내의 의료문제가 8건 등이다. '빨리 귀국하고 싶다'는 등 제도와 무관한 내용도 있었지만 '직원 여러 명에게 폭행을 당했다', '함부로 한 말에 상처를 입었다'는 등 심각한 문제도 적지 않았다. 68건 중 23건은 신청이 수리되지 않은 데 대해 법무대신에게 이의를 제기했으나 모두 기각되었다.

---

11   동 규칙 제41조의 2는 "피수용자는 자신의 처우에 관한 입국관리국 경비관의 조치에 이의가 있을 경우, 해당 조치가 있던 날부터 7일 이내에 이의신청 이유를 기재한 서면을 통해 서장 등에게 그 뜻을 전달할 수 있다"고 정하고 있다. 이의신청이 있으면 입국관리국 소장은 조사를 통해 처우를 개선하든지 신청에 근거가 없을 경우는 '이유 없음'이라는 결정을 해야 한다.

12   2003년 5월 30일자 아사히신문. 이의신청은 2001년 20건, 2002년 33건, 2003년 1~3월에 16건이었고, 그 중 1건은 취하되었다.

현행 입관난민법 체제 하에서는 법 집행 과정에서 일어날 수 있는 인권침해를 방지하고 구제하기 위한 독립적인 감시체제가 존재하지 않는다. 그 때문에 '이의신청' 제도도 실효성을 거두지 못하고 있고, 입국관리국 수용시설 안에서 일어나는 인권침해는 숨겨진 채 방지가 곤란한 상황이다.

비인도적인 출입국관리 체제

수용시설에서 발생하는 인권침해는 우연이 아니라 인도적인 배려가 없는 출입국관리체제 자체의 기본적인 결함에서 비롯된 것이다. 그 몇 가지 예를 들어보자.

(1) '무차별 수용주의'[13]

출입국관리 당국은 무차별 수용주의를 택하고 있기 때문에 수용이 적절한지 여부에 대한 기본적인 판단을 하지 않는 체제를 가지고 있다. 그 때문에 피수용자의 상황을 고려하지 않은 수용으로 인권침해가 발생하고 있다. 가장 비인도적인 형태는 미성년자, 임산부, 환자, 고령자 등을 강제수용하는 것이다. 그러나 수용할 필요도 없고, 강제수용에 적합하지도 않은 수용을 금지할 수 있는 법적인 근거가 없다.

---

13 2004년 입관난민법 개정으로 자진 출두한 외국인 중 일정 요건이 충족되는 경우에 한해 수용하지 않고 간략한 절차를 통해 신속하게 출국시키는 '출국명령제도'가 신설되어, 2004년 12월 2일부터 시행되었다. 이 제도를 통해 출국명령절차를 밟은 자는 2004년 12월의 1개월 동안 918명이었다.

귀국비용이 없거나,[14] 귀국할 곳이 없거나, 귀국에 동의하지 않는 경우 무기한 장기수용되기도 한다. 수용명령서에 의한 수용은 30일, 연장하더라도 최대 60일이 상한이다. 그러나 일단 강제퇴거명령서가 발부되면 강제퇴거명령에 의한 수용에는 상한 규정이 없어서, 무기한 장기수용을 가능하게 하는 법적 근거가 되고 있다. 강제퇴거절차를 밟고 있는 피수용자는 '송환에 동의하여 귀국' 하든지 아니면 '무기한 장기수용' 을 감수해야 한다. 일본의 출입국관리체제는 이런 수단을 이용해 당사자들이 어떤 사정이 있더라도 송환에 동의할 수밖에 없도록 하고 있다. 그러나 송환에 동의할 수 없는 사람들은 송환되는 곳에서 박해를 당할 위험이 있다든지, 일본에 배우자와 자녀들이 있어서 일본에서 생활하기를 원하는 등 여러 가지 이유를 가지고 있다. 원래 집에서 조사 받을 수 있고, 변호사를 의뢰하는 등 방어수단이 보장되어야 하지만 무차별 수용주의가 이를 가로막고 있다. '무기한 장기수용' 이 가져온 절망감으로 자해와 자살을 기도하는 피수용자가 끊임없이 생기고 있지만 심신의 건강상태에 따라 수용을 중지할 수 있는 체제는 존재하지 않는다.

(2) 입국거부와 강제수용

공항 등에서 하는 입국심사에서 입국거부사유[15]에 해당한다고 판

---

14   강제송환 비용은 원래 국가가 부담하는 것이 원칙이지만 실제로는 자비부담으로 송환된다. 입관난민법 제52조에 "자비 부담"에 의한 퇴거를 "입국관리국 수용소장 또는 주임 심사관이 당사자의 신청에 따라 허가할 수 있다"고 하고 있을 뿐이다.

15   입관난민법 제5조에는 1년 이상의 형을 받은 적이 있는 자, 강제퇴거 처분을 받은 지 5년 이내인 자 등 14개 항목의 입국거부 사유가 정해져 있다. 유효한 여권을 가지고 있지 않은 자(제3조), 유효한 비자를 가지고 있지 않은 자(제7조 1호) 등도 이에 해당된다.

단되는 외국인은 공항 내에 머물다가 탑승해온 교통기관의 책임 하에 송환된다. 그러나 현행 출입국관리행정에는 입국거부자에 대한 처우가 명확하게 체계화되어 있지 않아서 민간경비회사로 신병이 인도된다. 이로 인해 경비회사에 의한 폭력적 처우와 금전적 공갈이 발생하고 있고, 변호사 등 외부와 접촉할 수 있는 권리도 보장되지 않고 있다. 다다미 10장 정도 넓이의 지하 방에 2개월 동안 15명이 수용되어 있었다는 난민신청자의 사례도 보고되고 있다. 공항 등 입국 관문에서 상담체제와 인도적인 수용체제를 확립하는 것이 급선무가 되고 있다.

(3) 강제송환

강제퇴거 집행과정에서도 많은 문제가 발생하고 있다. '스마키(돗자리로 말기) 송환' 사건(2004년)으로 알려진 사례는 니시니혼 출입국관리센터에 수용된 베트남여성을 저항할 수 없도록 입국관리국 경비관들이 모포로 둘둘 만 상태에서 송환해버린 사건이다. 지원단체 및 의사의 조사에 의하면[16] 송환에 동의하지 않아서 약 30알 정도의 약이 투여된 채 송환된 사례가 33건 중 2건 있었다.

난민신청자의 강제송환도 진행되고 있다. 가석방된 난민신청자가 연이어 재수용되거나 본인의 동의도, 사전예고도 없이 송환되는 사건이 2003년 후반부터 2004년에 걸쳐 눈에 띄게 늘어났다. 2005년에는 터키 국적을 가진 쿠르드인 아버지와 아들이 가석방 갱신이 인정되지 않아서 재수용된 다음날 터키로 강제송환되기도 하였다(9장 참조).

16　2003년~2005년, 야마무라 준뻬이(山村淳平) 및 입관문제조사회 등에 의함.

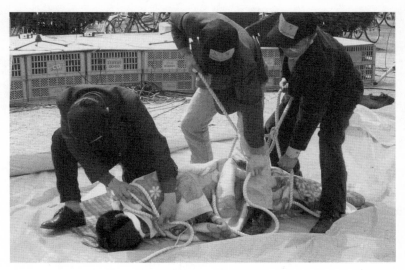

'스마키 송환'을 재현하고 있는 퍼포먼스(사진 : RAFIQ)

무기한 장기수용을 해결하는 방법으로 약물투여 송환, 스마키 송환, 난민신청자 송환 등 강압적인 송환방식을 사용하는 것은 결코 있어서는 안 되는 일이다. 이러한 송환방법을 강구하지 않으면 안 되는 현실은 출입국관리 체제 자체의 붕괴를 의미하는 것이다.

(4) 불투명한 출입국관리행정

입국관리국의 비인도적인 처우가 가능한 것은 수용시설뿐 아니라 출입국관리 절차 전 과정의 기준이 불투명하고 공개되지 않는 구조를 가지고 있기 때문이다. '행정절차법'은 행정기관의 처분과 행정지도, 서류제출 절차 등에서 공정성 확보와 투명성 향상을 꾀하도록 하고 있다. 그렇지 않을 경우 행정기관의 권력행사 과정에서 인권이 침해

되는 것을 막을 수 없기 때문이다. 그러나 동법 제3조 10호는 이 법률의 적용에서 '외국인의 출입국, 난민 인정 또는 귀화에 대한 처분 및 행정지도'를 기본적으로 예외로 두고 있다. 이것이 출입국관리행정의 투명성 확보에 큰 장애가 되고 있다(2장 참조).

국제인권기준의 존중

입관난민법이 개정되기 전이라도 수용과 강제퇴거, 입국거부 과정에서 인권침해가 발생해서는 안 된다. 입국관리국 직원 대 피수용자라는 일방적인 권력관계 하에서 발생하는 인권침해를 방지하기 위해서는 명시된 기준에 입각하여 법을 집행하고, 그 과정을 객관적으로 확인할 수 있는 수단이 마련되어야 한다. 입국관리국 수용시설의 처우를 국제기준에 맞도록 개선하고 이를 위한 직원연수와 적정한 직원배치도 필요하다.

법무성과 입국관리국 측의 노력이 전혀 없는 것은 아니다. 수용시설 내의 외부통화 규제가 완화되는 등 폐쇄적인 성격이 이전보다는 다소 완화되었다. 일본정부가 1999년 '고문 등의 금지조약(고문 및 그 밖의 잔혹한, 비인도적인 또는 굴욕적인 대우나 처벌의 방지에 관한 협약)'을 비준한 것도 환영할 만한 일이다. 그러나 조약 비준 이후 이를 준수하기 위한 실제적인 노력은 찾아보기 어렵다. 2000년에 제출했어야 하는 동 조약의 정부보고서는 2005년 12월이 되어서야 겨우 제출되었다. 자유권규약, 아동의 권리에 관한 협약, 인종차별철폐조약의 국제기준도 수용시설의 개선 방향을 제시하고 있지만 이를 활용하려는 정부의 노력은 아직도 부족하다.

현행 법제도 자체가 문제를 가지고 있으므로 인권존중의 입장에서 법개정을 포함한 제도 변화도 필요하다. 수용목적은 강제퇴거 확보를 위한 신병구속이기 때문에 이 목적을 넘어서는 권리제한이 있어서는 안 된다. 신병을 구속하고 있는 국가의 책임 하에 피수용자가 가질 수 있는 불안과 문제에 적절하게 대응할 수 있도록 개별적인 사회복지지도가 가능한 체제로 전환해야 한다. 또한 불필요하게 신병을 구속하는 무차별 수용주의를 폐지하고 집에서도 강제퇴거 절차를 밟을 수 있도록 해야 한다. 특히 미성년자와 임산부, 환자 등이 수용되는 일이 없도록 하는 조치를 취해야 한다. 강제퇴거를 보장하는 방법은 일률적인 수용보다도 '귀국지도원'이 귀국을 지도하도록 하는 제도를 마련하는 것이 바람직하다. 입국이 거부된 사람도 국제적인 인권기준에 맞추어 적정절차를 보장받을 수 있도록 법률을 개정해야 한다.

인권침해가 발생하는 토양을 근본적으로 개선하기 위해서는 강제퇴거와 입국거부 과정에서 외국인의 권리보장을 감시하는 '제3자 기관'을 설치할 필요가 있다. 이 기관은 정부기관으로부터의 독립성, 대리인 선임권, 적정절차에 필요한 통·번역 보장, 민원을 충실히 하기 위한 외부 교통권,[17] 민원이 받아들여졌을 경우의 강제력과 그 실시를 외부로부터 검증할 수단, 민원이 받아들여지지 않을 경우의 이유개시 절차 등을 확보해야 한다.

---

17   영국의 경우 전화도 편지도 자유로우며 팩스도 받을 수 있다. 원칙적으로 검열은 불가능하고 편지를 개봉할 때는 필수적으로 본인이 참가해야 한다.

제 언

1. **출입국관리행정의 투명성을 확보하기 위해 다음과 같은 조치를 취한다.**

    (1) 행정절차법 제3조 1항 10호를 삭제한다(2장 제언 3-(2)-⑦ 참조).

    (2) 출입국관리행정에 관련된 모든 문서(직원연수 커리큘럼과 교재, 전달문서, 출입국관리행정 관련법령에 의해 작성이 의무화된 문서 등)를 공개한다.

    (3) 행정조치와 관련된 모든 서류를 당사자의 제1언어로 공개한다. 해당 조치가 취해진 구체적인 사유를 본인에게 문서로 전달한다.

    (4) 광범위한 민간 연구자와 NGO가 수용시설을 시찰, 견학할 수 있도록 인정한다.

    (5) 입국관리국이 배포하는 처우규칙, 처우세칙 및 절차에 관한 문서를 다국어로 작성한다.

2. **입국관리국 수용시설에서의 일반 처우에 관하여 다음과 같은 조치를 취한다.**

    (1) 직원 모두가 의무적으로 이름표를 달도록 한다.

    (2) 직원의 노동조건을 개선하고 적정배치를 꾀한다.

(3) 직원 대상의 인권교육을 강화하여 국제인권기준을 철저하게 주지하도록 한다.

(4) 피수용자의 제1언어로 작성한 수용규칙, 수용세칙 및 수용시설 내의 규칙을 실내에 비치하여 언제든지 읽을 수 있도록 한다.

(5) 피수용자의 양호한 거주환경을 확보하기 위해 수용시설 설비를 점검, 개선한다. 야외운동장이 없는 경우 신속히 만들도록 한다.

(6) 격리실, 처벌도구 사용에 관한 요건을 엄격히 한다.

(7) 특히 격리실은 피수용자를 항상 감시할 수 없는 구조로 만들고, 적어도 화장실은 가리도록 한다.

(8) 전화, 편지, 면회 등 외부와 통신할 수 있는 기회를 제한해서는 안 된다. 통신 제한금지는 격리수용 중에도 똑같이 적용한다. 통신내용도 제한하지 않는 것을 기본으로 하고, 제한할 경우 요건을 엄격하게 한다.

(9) 샤워는 적어도 격일로 할 수 있도록 하고, 희망자에 한해서 매일 일회 허락한다. 일회 시간은 20분 이상으로 한다.

3. 수용시설 내의 의료에 관하여 다음과 같은 조치를 취한다.

(1) 입소 시 또는 정기적으로 피수용자의 건강진단을 의무화한다.

(2) 수용소에서의 의료기록 보존을 의무화한다.

(3) 진찰 시 통역동반을 의무화한다.

(4) 본인이 희망할 경우 외부 의료기관을 이용할 수 있도록 한다.

(5) 외부 의료진이 시설 내에서 진료할 수 있도록 제도화한다.

(6) 독립적 기관이 선임한 의료진의 시찰과 조사에 근거한 조언에 기반하여 입국관리국 수용시설 내의 의료서비스를 개선한다.

4.   피수용자가 가지는 문제에 관해서는 아래 조치를 취한다.

(1) 입국관리국 당직변호사제도를 설치하고 그 비용은 국가가 부담한다.

(2) NGO와 협력한다.

5.   입국관리국 경비원과 독립된 부(部) 혹은 과(課)에 사회복지상담원을 배치한다. 그 임무는 다음과 같이 한다.

(1) 피수용자의 권리, 건강상태, 처우 일반을 관리한다.

(2) 필요에 따라 대사관, 병원과 NGO 등 외부기관과 연락을 취한다.

(3) 수용명령서 발부권자와 제3자 기관에게 수용의 적합성 여부에 대한 의견을 제시할 수 있다.

6.   무차별 수용주의를 폐지하고 수용요건을 엄격하게 한다.

(1) 무차별 수용주의를 폐지한다.

(2) 수용요건을 엄격하게 하고, 수용금지 요건을 명문화한다(예를 들면, 난민신청자, 유아, 취학연령의 어린이, 임산부, 환자의 수용금지).

(3) 집에서 강제퇴거절차를 밟고 싶어 하는 이를 위해 직원 중 귀국 지도를 담당하는 '지도원'을 둔다. 그 임무는 다음과 같이 한다.

　① 강제퇴거자의 귀국절차에 대한 조언과 지도

　② 필요에 따른 방문지도

　③ 수용명령서 발부권자에게 수용의 적합성 여부를 표명할 수 있는 권한을 가진다.

　④ 그 외 '보호관찰사'의 역할을 수행한다.

(4) 수용기간의 상한을 정해 무기한 장기수용을 금지한다.

(5) 신병구속은 수용명령서에 의한다. 단 다음을 조건으로 한다.

　① 수용명령서에 의해 수용할 수 있는 기간은 15일 이내로 한다. 일회 연장이 가능하고, 연장기간을 합해서 30일 이내를 상한으로 한다.

　② 강제퇴거명령서 발부 후 10일 이내에 퇴거를 집행한다. 이 기간 내에 집행할 수 없는 경우(이의제기에 의한 집행정지나 기타 사유에 의함)는 상기 10일 이내에 가석방한다. 어쩔 수 없이 수용하는 경우(명문화된 요건에 의함)는 그 이유를 본인에게 공개하고 새로운 수용명령서에 의해 15일을 상한으로 수용할 수 있다. 기간갱신은 가능하지만 귀국비용이 없다는 것이 강제퇴거명령서 발부 후의 수용 요건이 될 수 없다.

(6) 관련법규와 강제퇴거명령서 등, 강제퇴거절차에 사용되는 문서는 반드시 강제퇴거자의 제1언어로 작성하여 본인에게

명시한다.

(7) 입관난민법 위반자의 신병을 구속할 때는 반드시 통역과
동행하고 위반자의 자녀를 통역으로 이용하는 일이 없도록
한다.

7. 입국이 거부된 자의 적절한 수용

(1) 신병구속은 수용명령서를 통해 집행한다. 입국거부와 신병
구속 이후 24시간 이내에 수용명령서를 발부한다.

(2) 입국방지시설 수용은 3일을 넘길 수 없다. 3일 이상 수용할
경우에는 수용소로 이송한다.

(3) 보호를 희망하는 자에게는 임시보호 기회를 제공한다.

(4) 입국방지시설에 수용된 자는 변호사 및 기타 외부인과 통신
및 접견, 면회를 할 수 있다. 입국방지시설 측은 피수용자에
게 입국관리국 당직변호사제도가 있음을 알려야 한다.

(5) 입국이 거부된 자에 대한 처우와 경비비용 징수 방법에 대
해 인권을 충분히 배려한 상세한 규칙을 정하여 경비원에 대
한 감시를 강화한다.

8. 출입국관리절차에 관한 '제3자 기관'을 아래와 같이 설
치한다.

(1) 제3자 기관의 최고의사결정기구에는 전문가(변호사, 의사
등) 및 NGO가 추천하는 자를 포함한다.

(2) 제3자 기관은 법무성을 비롯한 정부기관으로부터 독립적인

권한을 가지는 것으로 한다.

(3) 제3자 기관의 당면 기능 및 권한은 다음과 같이 한다.

① 인권침해 신고 접수

② 수용시설에 대한 무조건적이고 정기적인 현장검사 권한

③ 피수용자에 대한 무조건적인 인터뷰 권한

④ 출입국관리행정에 대한 시정권고 또는 명령권

⑤ 입국심사와 강제퇴거 집행상황, 송환 후의 상황에 관하여 조사할 수 있는 권한

(4) 출입국관리당국은 아래의 사항에 관하여 제3자 기관에게 보고해야 한다.

① 격리실과 처벌도구를 사용할 경우

② 피수용자가 외부와 통신하는 것을 제한한 경우

③ 피수용자의 의료 기록

④ 피수용자의 권리를 제한하거나 의무를 부과한 경우

(5) 피수용자는 다음 사항에 관하여 무조건 제3자 기관과 접촉할 수 있다.

① 처우에 관한 고발

② 수용 적합성 여부에 대한 이의제기

③ 수용기간연장에 대한 이의제기

④ 강제퇴거 적합성 여부에 대한 이의제기

(6) 장기적으로는, 제3자 기관이 수용명령서에 대한 이의제기 및 집행정지를 명할 수 있는 심리기능을 가지도록 검토한다.

재판 받을 수 있는 권리 11^장

사법의 편견

일본에 입국하는 외국인이 늘어나면서 범죄에 개입되거나 취조를 받게 되는 외국인도 늘어나고 있다. 일본에서 오랜 기간 생활하는 외국국적 주민이 증가하면서 사적인 충돌도 증가하고 민사소송으로 이어지는 경우도 늘고 있다. 이는 외국국적 인구 증가에 동반된 필연적인 현상이다.

그러나 일본의 소송제도는 지금처럼 외국인이 증가하는 경우를 염두에 두지 않았기 때문에 다양한 측면에서 법과 제도상의 미비점과 운영상의 불공평성이 드러나고 있다.

이를 상징적으로 보여준 사건이 네팔 출신 M씨의 사례이다. M씨는 2000년 4월 24일, 강도 살인 혐의에 대해 무죄판결을 받은 직후 불법체류로 도쿄 입국관리국에 수용되었다. 도쿄 고등재판소는 M씨에게 같은 해 5월 8일, 직권에 의한 구류 결정을 내렸고 최고재판소도 이를 인정하는 결정을 내렸다. 무죄판결을 받은 후에 구류처분을 받는 것은 상당히 이례적인 경우이다. 원래 M씨는 입관난민법 위반으로 체포된 것이었다. 입관난민법 위반으로 별건(別件) 체포*한 상태에서 다른 형사사건 혐의를 조사하는 것은 초과체류 '외국인'에게 흔히 쓰는 방법이다. 이것이 초과체류 외국인의 검거 건수가 상대적으로 증가하는 한 요인이 되고 있다.

> * 어떤 사건의 용의자로 체포해야 할 경우, 그 사건에 대한 유력한 증거를 확보하지 못했을 때, 우선 다른 혐의로 체포하는 일

일본인이라면 최근에는 기소되는 일이 없는 경범죄, 예를 들면 처음으로 립스틱을 하나 훔친 정도의 경범죄라 하더라도, 외국인의 경우에는 기소되어 집행유예 판결을 받은 후에 강제퇴거 절차가 진행된다.

이런 예를 통해 알 수 있듯이 외국인은 법집행 과정에서 일본인이라면 생각할 수 없는 부당한 대우를 받고 있다. 이는 합법적인 체류자격이 없는 '외국인'을 특히 사법 종사자들이 편견을 가지고 대하고 있다는 것을 보여주는 것이다.

외국인에 대한 사법의 편견은 아래에서 언급하는 모든 문제에서 뚜렷하게 나타나고 있다.

민사소송에서 나타나는 불평등

헌법 제32조가 보장하는 재판을 받을 수 있는 권리는 국적의 차이와 체류자격의 유무에 상관없이 모든 사람이 보장받아야 할 권리이다. 그러나 일본의 현행 민사소송제도는 외국인이 당사자가 되는 경우를 상정하지 않고 있어서 일본인과 동등한 수준에서 외국인에게 재

판 받을 권리를 보장하기 위해서는 대폭적인 제도 개선이 필요하다.

(1) 강제퇴거의 장벽

이주자가 이혼, 친권, 산재, 임금체불, 부당해고 등으로 민사소송을 제기하더라도 체류기한 내에 완전한 결말이 나기는 어렵다. 그러나 법무성은 소송이 진행 중이라는 이유만으로는 체류를 인정하지 않기 때문에 체류자격 갱신허가가 나지 않거나, 원래 체류자격이 없는 경우에는 재판 도중에 강제퇴거당하게 된다. 입국관리국은 대리인을 선임하고 필요한 경우 일본에 오면 된다는 입장이지만 이것은 당사자의 재정적, 시간적 비용을 완전히 무시한 것이며 사실상 소송을 포기할 수밖에 없도록 만드는 것이다. 재판기간 중에 체류를 보장하는 것은 재판 받을 권리를 보장하기 위한 필수불가결한 조건이다.

(2) 소송비용의 장벽

일본인의 경우, 민사소송 비용을 마련하기 힘들 때, 민사법률부조법[1]과 종합법률지원법[2]에 의해 경제적 지원을 받을 수 있다. 그러나 이 제도는 외국국적자의 경우에는 합법적으로 체류하는 자로 적용대상을 한정하고 있다. 이것은 체류자격이 없는 사람이야말로 경제적인 소송 지원을 필요로 하는 경우가 많다는 현실을 완전히 무시한 것이다.

---

1   2000년 10월 시행.
2   2004년 6월 시행.

또한 국제결혼의 이혼에 따른 위자료와 인지(認知) 소송, 자녀의 친권과 양육비에 대한 심사는 원고가 귀국한 후에도 재판이 계속 진행되는 경우가 있지만, 현재의 법률부조제도를 통해 지원을 받으려면 일본에 주소지를 가지고 있어야 한다. 이 때문에 외국인이 소송을 통해 권리침해에 대한 배상을 받는 것이 더욱 어렵다.

원고가 귀국 후에 소송을 제기하는 경우라도 피고의 주소지가 일본에 있는 경우에는 민사법률부조법과 종합법률지원법에 의해 지원을 받을 수 있도록 해야 한다. 일본에 주소지가 없는 외국인에게 이 제도를 적용할 경우 지원금 회수 문제가 생긴다는 것이 적용제외 이유 가운데 하나이다. 그러나 지원금 회수 문제는 외국에 거주하는 일본인의 경우에도 똑같이 발생하는 문제로 이 때문에 외국인을 적용대상에서 제외하는 것은 설득력이 없다.

(3) 언어의 장벽

재판에 필요한 통역확보는 최근 상황이 나아지고 있기는 하지만 통역자의 능력, 자질, 중립성 등의 면에서 아직 문제가 많다.

민사소송에서도 전임통역자의 양성과 확보가 필요하다. 본인이 직접 진행하는 경우가 많은 가사조정사건에는 통역제도가 확립되어 있지 않고 통역이 없는 채로 일본어로 재판이 진행되는 경우가 많다. 이 경우 외국국적자가 자신의 주장을 충분히 전달하는 것이 불가능하다.

적정 절차에 관하여

누구든지 법의 적정 절차에 의하지 않고는 생명, 자유 또는 재산을 박탈당할 수 없다는 적정절차의 원칙은 외국국적자에게도 동등하게 지켜져야 한다. 그러나 이주자가 형사사건의 피의자 혹은 피고자가 되는 경우, 불안정한 체류자격 때문에 체포, 기소, 재판 과정에서 불리한 입장에 놓이기 쉽다. 특히 초과체류 상태인 경우는 입관난민법을 위반한 것이므로 여권 확인만으로도 언제든지 영장 없이 구속될 수 있다. 경찰당국은 이를 남용해서 외국국적자가 형사사건의 혐의를 받고 있는 경우, 우선 입관난민법 위반으로 신병을 구속한 후 본 건에 대한 취조를 진행하는 경우가 많다. 별건 체포는 일본인에게도 종종 이용되고 있으며 억울하게 죄를 뒤집어쓰는 한 가지 원인이 되기도 한다. 그러나 초과체류자의 경우는 일본인의 경우보다 별건 체포가 행해지기 쉬우며 이것이 범죄수사에 악용되고 있다.

재일외국인[3]의 경우 형사사범 구속률은 일본 전체 평균보다 약 2.5배 높은 반면, 보석률은 1/6 이하로 낮아서 큰 차이를 보이고 있다.[4] 또한 체류자격이 없다는 사실을 '도주의 위험이 있는 상당한 이유'로 인식하거나 주거지가 불분명한 것으로 판단하여 일본인의 경우보다 쉽게 구금하는 경향이 있다. 기소 후에도 보석이 인정되는 경우는 매우 드물다. 같은 형사사범이라도 일본인은 기소율이 낮고 기소유예 비율이 높은 반면, 재일외국인은 기소율이 높고 기소유예 비율이 낮다.[5]

3　경찰백서에서 사용하고 있는 '재일외국인' 범주의 문제에 대해서는 12장 참조.
4　아즈사와 카즈유키(梓澤和幸), 『재일외국인』, 치쿠마서방(筑摩書房), 2000년, 51쪽 참조.
5　2004년의 경우 다음과 같다.

	기소율	기소유예율
일본 전체	46.4%	52.0%
재일외국인	63.6%	34.0%

＊ 법무성 『2005년 범죄백서』

또한 조사 단계에서 통역 부족으로 본인의 제1언어가 아닌 언어나 일본어로 조사가 진행되고 있다. 통역자에 대해서도 아무런 공식적인 기준이 없고 지속적인 연수 시스템도 없으며, 통역자의 지위도 불안정하다. 결과적으로 본인이 진술한 기억이 없는 내용의 조서가 재판에서 증거로 채택되거나, 심한 경우 본인이 판결문을 이해하지 못하는 경우도 있다.

국제인권규약 자유권규약[6]에 위반되는 이러한 사태는 일본 사법 체제의 성격 자체에 의문을 제기한다. 이주자는 불안정한 지위 때문에 일본국적자보다 적정절차원칙에 반하는 권리침해를 받기 쉬우므로 법집행 과정에서 이를 방지하기 위한 적극적인 조치가 필요하다.

국가배상의 불평등

공무원에 의한 인권침해에 대한 국가배상 제도는 피해구제를 위해 꼭 필요한 것으로, 이는 법률에도 명확하게 규정되어 있다.[7] 이 제도가 공무원에 의한 인권침해를 억제하는 효과를 가지려면 실효성 있게 이용될 필요가 있다.

그러나 실제로 이 제도는 외국인의 출신국적에 따라서 제대로 기

---

6   자유권규약 제14조 3항은 다음과 같이 규정하고 있다(부분인용).
     (a) 이해할 수 있는 언어로 신속하고 상세하게 그 죄의 성격과 이유를 설명할 것.
     (f) 재판에 사용되는 언어를 이해하고 말할 수 없는 경우에는 무료로 통역을 지원할 것.
7   국가배상법 제1조는 "국가 또는 공공단체의 공권력 행사를 담당하는 공무원이 직무수행 과정에서 고의 또는 과실로 위법하게 타인에게 손해를 입혔을 경우 국가 또는 공공단체가 이를 배상할 책임이 있다"고 정하고 있다.

능하지 않을 수도 있는 구조로 되어 있다. 이런 문제점은 입국관리국 수용과정에서 담당공무원에게 인권침해를 당한 외국인의 사례로 구체화되었다.

이란인 A씨는 입국관리국 수용시설 내에서 직원의 폭행으로 상해를 입었다. 공무원에 의한 폭행이었으므로 당연히 국가가 책임을 져야 했다. 그러나 정부 측은 국가배상법에 규정된 상호보증주의[8]를 적용하여, 일본인이 이란에서 국가배상을 청구할 수 있는 보증이 없다는 이유로 구제를 거부하였다. 이는 수용시설의 공무원에 의한 폭행이라는 명백한 인권침해를 국가가 아무런 배상 없이 공공연히 무시한 것으로 다른 형태의 모든 국가권력 행사과정에서도 외국인에 대한 공무원의 인권침해가 용인된다는 것을 의미한다.

특정 국가에 의해 손해를 입은 개인이 가해국을 상대로 손해배상을 청구하는 것은 인간 고유의 권리임이 인정되어야 하며, 이 권리는 피해자가 속한 국가와 손해를 입힌 국가 간의 관계에 영향을 받아서는 안 된다.

인종차별철폐위원회는 이 사건에 대하여 2001년에 제시한 최종 의견에서 다음과 같이 권고하였다.[9] "20. 위원회는 국가배상법이 상호주의에 근거해서 구제를 행하고 있는 점을 우려한다. 이것은 조약 제6조[10]에 합치되지 않는 것이다."

---

8 국가배상법 제6조는 "이 법률은 외국인이 피해자일 경우에는 상호보증이 있을 때만 이를 적용한다"라고 정하고 있다. 이것은 일본인이 외국에서 그 나라 공무원에게 폭행당한 경우, 그 나라 정부에 대해 피해자인 일본인이 국가배상을 청구할 수 있는 보증이 없으면 일본에서 그 나라의 국민이 일본정부에 대해 국가배상을 청구할 수 없다는 규정이다.
9 유엔문서 CERD/C/58/Misc. 17/Rev. 3(제58회기 2001년 3월 20일 채택)

인종차별철폐위원회의 판단이 분명한 정당성을 가진다는 것에는 논란의 여지가 없다. 일본의 국내법을 방패 삼아 배상을 거부하는 것은 용납될 수 없는 일이며 관련 법률은 개정되어야 한다.

---

10 "이 조약에 반하여 인권 및 기본적 자유를 침해하는 모든 인종차별 행위"에 대하여, "효과적인 보호 및 구제조치를 확보"하고, "그 차별의 결과로 피해를 입은 모든 손해에 대하여 공정하고 적절한 배상 및 구제를 재판소에 요구할 권리를 확보"할 것을 체약국의 의무로 정하고 있다.

제 언

1. **외국국적자가 재판 받을 권리를 보장하기 위해 다음과 같은 조치를 취한다.**

   (1) 일본에 거주하는 자가 민사소송 당사자인 경우 소송진행 중에는 체류를 인정한다. 국외에 있는 자의 경우는 입국거부 사유가 있더라도 출정과 소송 준비를 위한 입국을 허가하는 것을 원칙으로 한다.

   (2) 종합법률지원법을 개정하여, 소송을 제기하는 사람이 체류 자격이 없거나 일본에 주소지가 없는 외국인이라도, 피고의 주소지가 일본에 있는 경우에는 동법의 대상이 될 수 있도록 한다.

   (3) 민사사건과 가사사건에도 통역 제도를 확립한다.

2. **외국국적자에게 적정절차를 보장하기 위하여 아래 조치를 취한다.**

   (1) 구속, 체포, 조사에서 자유권규약과 고문금지조약 등 국제 기준에 맞는 적정한 법 절차를 보장한다.

   (2) 체포 및 조사 과정에서 본인의 제1언어로 통역을 보장한다.

   (3) 조사 단계에서 이루어지는 통역의 정확성을 점검하기 위해 모든 조사과정을 녹음하고, 본인이 요청할 시 이를 공개한다.

(4) 유치장, 구치소, 형무소 등에 구속할 때는 반드시 본인의 제
1언어에 의한 통역체제가 있는 시설에 수용한다.

(5) 피구속자의 종교와 문화를 충분히 배려한다. 이에 대해 관
계 직원 연수를 철저히 시행한다.

(6) 사법통역인의 육성, 인정, 등록, 연수 제도를 확립하고, 통역
인의 충분한 신분상 지위를 보장한다.

(7) 체류자격이 없는 피의자도 일본 국적자와 동등한 기준에서
구류와 보석 요건을 심사한다.

3. 외국국적자에게 국가배상을 보장하기 위해 아래 조치를 취한다.

(1) 공무원에 의한 외국국적자의 인권침해에 대한 국가배상에
서 상호보증주의를 방패로 구제를 거부하지 않는다.

(2) 국가배상법 제6조의 상호보증주의 조항을 삭제한다.

인종 차별과 외국인 차별을
철폐하기 위하여

일본 사회는 이미 외국국적자와 이웃으로 함께 일하며 살고 있다. 그럼에도 대다수 사람들은 외국국적자의 권리에 대해 무관심할 뿐 아니라, 공무원, 행정기관, 언론 등은 인종 차별과 외국인 혐오(제노포비어[1])를 의도적으로 선동하고 있다. 이런 상황에서 인종차별철폐법을 제정하고 국내인권기관을 설치하여 차별이 용납되지 않는다는 것을 분명히 하는 것이 긴급한 과제가 되고 있다. 이 장에서는 최근에 발생한 인종차별과 외국인 배척 사례를 살펴보면서 여기에 대해 생각해 보고자 한다.

공무원과 행정기관에 의한 제노포비어 선동

---

1   '외국인 혐오'를 어원으로 하는 인종차별의 한 형태. 1장 주6 참조.

(1) 거리에서 볼 수 있는 차별 전단

도쿄도를 중심으로 은행과 우체국 등 금융기관, 마을회관과 경찰서 게시판에서 볼 수 있는 차별전단의 내용은 많은 부분 범죄와 관련된 것이다. 이 전단들은 외국인 일반 혹은 특정 지역 출신 외국인에 대한 편견과 차별을 조장하는 내용을 담고 있다.

〈사례1〉 경시청(警視廳) 쿠라마에(藏前) 경찰서 지역총무계 명의의 '파출소 속보'(사진 1)

"은행에서 돌아가는 길을 노리는 특수절도범, 불량 외국인그룹 주의!"라는 제목 하에 "범인은 동남아시아계, 남미계, 인도계 외국인그룹으로 여성도 가담하고 있다"라는 설명이 붙어 있다.

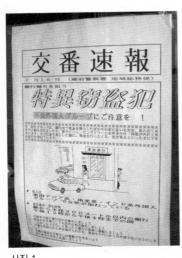

사진 1

사진 2

〈사례2〉 유신(維新)정당 · 카미카제(神風)가 제작한 포스터(사진 2)

"불량외국인 추방, 되찾자 국가의 자랑과 일본의 생활" 이라는, 유럽의 우익정당을 방불케 하는 정치신조를 주장하고 있다.

〈사례3〉 경시청 모토후지(本富士) 경찰서, 모토후지 방범협회, 카미신샤(上眞砂) 마을회(사진 3)

경찰과 지역단체가 공동 제작한 것으로 "보고 있다! 찍고 있다! 신고할 것이다!"라는 말이 일본어와 중국어로 씌어 있다. 극히 이상한 표현으로 중국인을 위협하고 있다.

사진3

(2) 경찰이 벌이는 '외국인범죄' 캠페인

경찰청이 연 2회 발표하는 '재일외국인범죄 현황(검거상황)' 에는 수치상의 속임수가 있다. 경찰당국은 오래 전부터 '외국인범죄' 에 관한 부분적인 자료를 수집해서 외국인범죄가 계속 '과거최고', '급증', '흉악화', '조직화', '광역화' 하고 있다고 발표해왔다. 이런 경찰발표는 이를 검증 없이 보도하는 언론을 매개로 '외국인'이 마치 범죄집단인 것처럼 각인시킨다. 이런 식의 발표 형식 자체가 정부기관에 의한 차별조장행위이며 인종차별철폐조약(모든 형태의 인종차별 철폐에 관한 국제협약)에 위반되는 것이다.

(3) 고위 공무원에 의한 외국인차별 발언

2000년 4월 9일, 이시하라 신타로우(石原愼太郎) 도쿄도지사는 네리마(練馬) 주둔지에서 열린 육상자위대 창립기념식에서 "최근 도쿄에서는 불법 입국한 많은 삼국(三國)인*, 외국인이 매우 흉악한 범죄를 …… 반복해서 저지르고 있다. …… 큰 재해가 발생할 경우 소요를 일으킬 것이 우려된다"는 내용의 연설을 하였다. 2001년 5월, 산케이(産經)신문은 중국인의 범죄사건을 다룬 '일본이여'란 제목의 논설에서 "민족적 DNA를 드러내는 듯한 이러한 범죄가 만연한 것으로 보아 조만간 일본사회 전체의 자질이 바뀌게 될 위험이 있다"라고 쓰고 있다.

* 일본의 구식민지출신자로 현재 일본에 거주하는 재일 한국·조선인과 대만인을 의미.

2003년 7월 12일, 에토우 타카미(江藤隆美) 중의원(당시)은, 후쿠이(福井)현 자민당지부 정기대회 강연에서 "신쥬쿠(新宿) 카부키쵸(歌舞伎町)는 삼국인이 지배하는 무법지대이다. 일본의 폭력배조차 손을 댈 수 없다. 최근에는 한국, 중국 등에서 온 불법체류자가 무리지어 도둑질과 살인을 일삼고 있다 ……"는 발언을 하였다.

이는 대부분 언론 보도를 여과 없이 받아들여 객관적 검증도 없이 개인적인 느낌을 과장해서 표현한 무책임한 발언으로, 일본의 보수정치가들이 아시아의 다양한 민족에 대해 가지고 있는 뿌리 깊은 차별의식을 적나라하게 보여주는 것이다.

UN 인종차별철폐위원회는 고위공무원이 행한 이러한 인종차별적 발언에 대해 우려를 표명하였다.[2] 그러나 그들은 지금까지 이런 발언에 대해 아무런 책임도 지지 않고 있다. 현행법상으로는 이러한 차별적 발언으로 특정 개인이 피해를 입는 것이 아니기 때문에 정신적 손해배상청구가 불가능하고, 형사처벌이 가능한 법률 또한 존재하지 않기 때문이다.

언론에 의해 과장된 '외국인범죄'

신문, TV, 잡지 등의 언론은 모두 '외국인범죄' 보도에 열심이다.

잡지의 예를 들어보자. 『주간요미우리(Yomiuri Weekly)』 2003년 11월 16일호는 '경고 자료 제5탄, 외국인범죄위험도 지도' 라는 표지 헤드라인 하에 10페이지에 걸쳐 '외국인범죄' 급증을 강조한 기사를 실었다. 『주간문춘(週刊文春)』 2004년 7월 8일호는 '총력특집 수도치안 붕괴' 라는 제목으로 '10년 만에 격변한 카부키쵸 외국인범죄', '외국인범죄 급증 위험도 지도' 등의 12페이지에 걸친 특집기사를 싣기도 하였다. 『SAPIO』 2004년 8월 18일호도 '도쿄 입국관리국 신쥬쿠 출장소 '카부키쵸 귀신' 들의 적발현장 밀착취재' 라는 특집기사를 실었는데, 기사에는 '치안악화의 원흉, 불법중국인과 벌어진 '알려지지 않은 싸움' 을 취재하다' 라는 소제목이 붙어있다.

---

2   총괄소견(2001년 3월 20일 채택, CERD/C/58/Misc. 17/Rev. 3) 13 "위원회는 고위 공무원이 행한 차별적 발언과, 특히 조약 제4조 c항을 위반한 결과에 대해 당국이 취해야 할 행정적 또는 법률적 조치를 취하지 않고 있는 점……을 우려하며 주목하고 있다."

신문의 경우, 아사히(朝日)신문은 2004년 1월 초, '일본의 안전' 제 1부를 시작으로 10회에 걸쳐 치안 악화를 강조하는 특집기사를 연재하였다. 특집기사 중 '외국인범죄'에 대한 부분에는 '흔들리는 신화 불안 열도'라는 메인타이틀을 달고, "경시청이 치안 악화 원인의 하나로 보고 있는 것은 재일외국인에 의한 범죄이다"라고 하였다. 아사히신문은 같은 해 4월 말에도 '일본의 안전' 제2부에서 '외국인범죄 불안 증폭', '수형시설도 다국적의 파도'라는 제목으로 특집을 편성하였다.

언론의 헤드라인

TV의 경우에도, TV아사히의 2004년 8월 11일 저녁 'J채널' 프로그램 편성표에 "불법체류 불량외국인 소탕, '입관 G-men*(Government men)' 긴박한 적발현장 완전밀착, 필리핀 펍(pub)에 돌입, 가게 주인 망연자실 "내가 뭘 잘못했냐", 외국인범죄박멸을 위해 싸우는 현장 최전선 르포"라는 내용이 실려 있는 것을 볼 수 있다. TBS TV도, 2003년부터 2004년에 걸쳐 저녁 '뉴스의 숲'에서

* 미국 FBI 소속의 조사관을 통칭하는 말로, 일본에서는 마약단속 등의 특수임무를 담당하는 조사관과 조직 및 단체의 부정행위 단속을 담당하는 조사관을 통칭한다.

'시리즈 안전붕괴'라는 제목으로 부정기적으로 범죄문제를 다루었는데, 그 중에는 '외국인범죄'의 불안감을 부채질하는 보도가 포함되어 있었다.

2005년 11월, 히로시마(廣島)에서 소학교 여학생 살인사건 용의자로 외국인이 체포되었을 때 신문, TV, 주간지 등 대부분의 언론이 용의자의 국적을 헤드라인에 언급하였다. 그 즈음 일어난 같은 류의 사건에서 '일본인' 용의자가 일본인임을 강조해서 보도한 적은 한 번도 없었다.

위의 사례들은 언론에 의한 '외국인범죄' 보도의 일부에 지나지 않는다. 이 중 많은 경우는, 거짓말은 아니지만 특히 큰 제목을 붙인다든지, 사실의 일부를 필요 없이 과장한다든지, 반복해서 보도함으로써 실제 이상으로 확대된 외국인범죄의 이미지를 심고 있다.

각각의 외국인범죄 보도에도 의문을 품게 하는 점이 많다. 특히 확실하지 않은 정보를 바탕으로 외국인풍(風), 동남아시아계, 중국인풍, 또는 '서투른 일본어(片言)'라는 표현을 사용하여 범죄를 '외국인'과 관련지어 편견을 조장하는 경우를 흔히 볼 수 있다.[3] 일본인이라면 누구든지 '서투른 일본어'를 흉내 낼 수 있고 약간의 노력으로 일본인이 외국인풍을 가장하는 것은 쉬운 일이다. 선입견을 가진 보도는 역

으로 수사에 방해가 될 수도 있다.[4] 피해자와 경찰의 편견을 안이하게 확대전달하고 있는 언론의 보도 자세가 문제다. 더욱이 언론은 경찰 당국이 발표한 '재일외국인 범죄통계'를 아무런 검증 없이 "재일외국인범죄"가 "최악·최다"가 되었다는 식의 헤드라인으로 보도함으로써 인종차별을 확대, 선동하고 있다.

'외국인범죄'의 실상

실제 자료를 이용해 외국인범죄 현황을 냉정히 살펴보면, 경찰발표나 언론보도는 현실과 큰 차이가 있음을 알 수 있다.

재일외국인의 경우 총 검거 인원 가운데 절반 이상이 특별법위반사범[5]이고, 특별법위반사범의 약 80%는 입관난민법 위반이다. 따라서 일본인과 비교할 경우에는 일반형사범에 한정시켜 고려할 필요가 있다. 지난 10년간 검거된 형사범 중 재일외국인은 약 20%가량 증가하였다. 그러나 같은 기간 외국인 신규 입국자가 80% 이상 증가한 점

---

3 요미우리(讀賣)신문 기사를 '외국인풍'이라는 키워드로 검색하자 2004년 1월부터 6월까지의 반년간 38건이 발견되었다. '동남아시아계'라는 키워드로는 같은 기간에 10건이 발견되었다. 외국인차별 감시 네트워크 편 『외국인 포위망-치안악화의 희생양』(2004년, 현대인문사) 38쪽 참조.

4 2005년 5월 4일 아사히신문에 의하면, 아이치(愛知)현에서 4명의 소년이 십 수 명의 남자들에게 폭행을 당해 한 명이 사망한 사건이 발생했는데, 범인인 폭주족풍의 남자는 소년들에게 "외국인풍의 남자에게 맞았다고 말해."라고 위협했다고 한다. 범행을 숨기기 위해 '외국인풍'을 이용하는 것을 '폭주족'의 범인조차도 생각해내고 있는 상황이다.

5 도로교통법, 각성제단속법, 총도(銃刀)법, 경범죄법, 풍영적정화(風營適正化)법 등의 위반. 일본인이 이런 명목으로 체포되는 경우는 드물다. 외국인에게만 적용되는 입관난민법도 여기에 포함되어 외국인의 경우 특별법위반사범의 검거인원이 큰 폭으로 증가하게 된다.

을 감안하면 범죄율은 오히려 감소한 것으로 볼 수 있다. 또한 아래
도표에서 볼 수 있듯이 연도별 재일외국인 형사범 검거인원은 일본
전체의 2% 전후(2004년 2.3%)로 1994년과 비슷한 수준이다. 이것을
가지고 재일외국인을 치안악화의 원흉이라고 말하는 것은 편견 그
자체이다.

형사범 인지건수와 검거인원의 추이

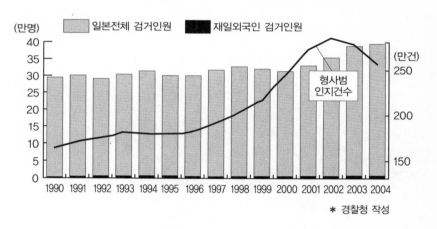

* 경찰청 작성

또한 재일외국인의 범죄가 흉악화하고 있다고 하지만, 2004년 재
일외국인 가운데 흉악범[6] 검거인원은 421명으로 일본전체(7,519명)
의 5.6%에 불과하다. 불법체류가 범죄의 온상인 것처럼 이야기되곤
하지만, 2004년 일반형사범 검거인원 중 체류자격이 없는 재일외국인
은 1,393명으로 일본전체의 0.4%에 불과하였다. 이러한 미미한 수치

---

6   살인, 강도, 방화, 강간의 합계를 말한다.

증감을 들어 재일외국인범죄가 일본사회 전체의 범죄증가의 주원인인 것처럼 말하는 것은 초점을 완전히 벗어난 것이다.

　애초에 '재일외국인' 이라는 범주를 구분하여 통계를 발표하는 것 자체가 차별적이다.[7] 당국이 재일외국인 범죄를 통계적으로 따로 분류하여 확대 발표하는 것은 재일외국인으로 분류되는 사람들의 구조적 저항력이 미약해서 정치적 희생양으로 내몰더라도 거의 문제가 되지 않기 때문이다.

흉악범죄 발생률의 변화

　외국인범죄가 치안문제의 희생양이 되고 있는 배경에는 일본 전체에서 범죄가 증가하고 치안이 악화되고 있다는 불안감이 존재한다. 1998년 이후 일본전역의 형사범 인지(認知)건수는 분명히 급증한[8] 데 반해 검거율은 낮아져서 치안이 악화되고 있다는 선전에 계기를 제공하였다. 그러나 아래 표에서 볼 수 있는 바와 같이, 40년 전에 비해 흉악범죄 발생률[9]은 낮아졌거나 별반 변화가 없다. 유일하게 강도 건수가 최근 몇 년간 증가하고 있지만, 흉악범죄 발생률의 합계는 40년간 2/3로 줄었다.[10]

7　'재일외국인' 은 경찰당국의 범죄통계에 사용되는 특수한 범주로, "일본에 있는 외국인 중 '정착거주자(영주자 등)', '재일미군관계자 및 체류자격불명(不明)자' 를 제외한 자를 의미한다." 『경찰백서』

8　단, 2002년을 기점으로 서서히 하락하고 있다.

9　인구 10만 명당 인지건수

10　범죄백서로부터 산출. 구미와 비교하면, 살인사건 발생률(2003년)은 일본이 1.1인 것에 비해 미국은 5.7, 영국은 3.3, 프랑스는 3.6, 독일은 3.1 이다.

그럼에도 불구하고 치안악화가 소리 높여 주장되고 있는 것은 절도사건의 인지건수가 증가하고 있기 때문일 것이다. 절도는 매년 증가하는 추세로, 그 발생률도 1965년에 1045.5건이던 것이 2004년에는 1551.9건으로 약 1.5배 증가하였다. 장기불황이라는 경제적 요인을 고려해야겠지만, 주된 증가 요인은 그보다는 오케가와(桶川) 스토커 사건*을 계기로 경찰이 사건 수리 방침을 바꾼 데 있다. 즉, 사회적 비판여론으로 경찰이 사건 수리에 더 세심한 주의를 기울이면서 이전에는 드러나지 않았던 사건들이 표면으로 떠오른 것이다. 따라서 언론이 선동적으로 보도하고 있는 것과 같은 치안 악화가 실제로 진행되고 있다고 보기는 힘들다.

* 오케가와 스토커 사건은, 1999년 10월 26일, 사이타마현 오케가와시에서 한 여대생이 이전 남자친구와 그 형이 고용한 남성에 의해 살해된 사건이다. 피해자와 그 가족이 범인들로부터 감시와 협박 등 스토커 행위를 당하면서 신변의 위험을 느끼고 몇번씩이나 경찰에 상담하고 고소장을 제출하였지만 경찰 측은 아무런 조치도 취하지 않고, 오히려 피해자의 가족에게 고소를 취하하도록 요구했을 뿐 아니라, 고소장을 마음대로 조작하고, 유족의 집에 형사가 상주하여 언론과 접촉을 막았다. 유족은 사이타마현을 상대로 국가배상청구소송을 제기하였지만 2006년 8월 30일 최고재판소에서, 조사태만과 살인의 인과관계는 부정되어, 위자료 550만 엔의 지불만을 명한 1심과 2심 판결이 확정되었다.

흉악범죄발생률의 변천 (단위:%)

	1964년	1984년	2004년
살인	2.4	1.5	1.1
강도	4.0	1.8	5.7
강간	7.1	1.6	1.7
방화	1.6	1.6	1.7
흉악범죄	15.2	6.5	10.2

* 법무성 『범죄백서』

공적 · 제도적 차별

일본의 법제도에는 외국국적자에 대한 차별을 정당화하는 국적 조항이 여전히 남아 있다(8장 참조).

2005년 1월, 최고재판소는 도쿄도의 관리직 전형 수험자격에 대한 판결에서, "외국인이 공권력행사 등 지방공무원에 취임하는 것은 원래 우리나라(일본) 법체계가 상정하고 있는 바가 아니다"라고 하여, 도쿄도 관리직 전형에서 외국인을 일괄적으로 배제하는 것을 용인하였다. 또한 센다이(仙台)시에 살고 있는 한 미국인 남성이 미야기(みやぎ)국민체육대회의 아이스하키 경기에 출전을 거부당하자, 국적에 의한 참가자격 제한은 헌법과 인종차별철폐조항에 위반되는 것이라고 고소한 소송에서도 2004년 6월, 최고재판소는 "법 앞의 평등을 규정한 헌법에 반하지 않는다"라고 선고하였다. 2003년, 효고(兵庫)변호사회가 코베(神戸)가정재판소 아마가사키(尼崎)지부의 조정위원으로 재일한국인 변호사를 추천하였으나, 가정재판소는 "당연한 법리로서 공권력 행사에 관련된 공무원이 되기 위해서는 일본국적이 필요"하다고 하여 임명을 거부하였는데, 2005년 최고재판소 사무총국 또한 이를 지지하였다.

이와 같이 '당연한 법리'를 방패로 한 국적차별이 흔하게 발생하고 있다. 세법에는 '국민'이라는 용어가 등장하지 않고 세금징수에는 국적에 의한 차별이 없지만, 전쟁 희생자의 원호와 인권옹호위원 자격에는 국적 조항이 존재한다. 외국인이기 때문에 차별하는 것은 당연하다는 사고방식은 다민족·다문화 사회를 향해 가고 있는 시대의 인권 감각에는 걸맞지 않는 것으로 철폐되어야 마땅하다.

소송을 통해 싸워서 쟁취한 것

일본사회의 뿌리 깊은 차별에 맞선 소송이 증가하고 있다. 외국인이 차별 받는 현실에 비하면 아직 미약하지만 소송을 통해 성과가 축적되고 있다.

〈사례1〉 하마마쯔(浜松) 보석점 출입(入店)거부 사건(1999년 10월 12일 시즈오카(靜岡) 지방재판소 하마마쯔지부 판결)

1998년 6월, 한 브라질 여성 언론인이 하마마쯔에 있는 보석점에 들어서자 점원이 '외국인의 가게출입은 강력히 거절합니다' 라고 쓰인 종이와 하마마쯔 중앙경찰서가 작성한 '가게를 나설 때는 소매치기 조심' 이라고 쓰인 전단을 보이면서 가게에서 쫓아내려고 하였다. 이 여성이 저항하자 점원은 경찰을 불렀다. 판결은 "인격적 명예를 훼손"한 데 대해 150만 엔의 손해배상을 해야 한다고 인정하였다.

〈사례2〉 오타루(小樽) 공중목욕탕 출입(入浴)거부 사건(2002년 11월 11일 삿뽀로(札幌) 지방재판소 판결)

독일인(대학 조교수), 미국인(컴퓨터 프로그래머), 미국계 일본인(대학강사)은 공중목욕탕 '오타루 천연온천 유노하나(湯の花)'에 출입을 거부당한 데 대해 소송을 제기하였다. 당시 이 목욕탕에는 '외국인의 입장을 금지합니다. JAPANESE ONLY' 라는 게시물이 걸려 있었다. 판결에서는 인종차별을 당한 정신적 손해에 대해 100만 엔을 배상(불법행위)할 것이 인정되었다.

〈사례3〉 부동산 중개-피부색에 따른 입주(入居)차별 사건(2003년 1월 14일 사이타마(埼玉) 지방재판소 판결)

2001년 4월, 인도 남성이 주택을 임대하기 위해 부동산 중개업자에게 전화로 문의했을 때 집요하게 피부색을 추궁당했다. 그로 인한 정신적 손해에 대하여 중개업자에게 불법행위에 의한 손해배상을 청구하였다. 판결은 "인격적 이익을 훼손한 위법행위"로 판단하여 50만 엔을 지불할 것을 인정하였다.

이처럼 인종차별 관련 소송이 제기되고 판례가 착실히 축적되어 구체적으로 어떤 종류의 인종차별이 불법행위가 되는지 밝혀지고 있는 것은 대단히 의미 있는 것이다.

'외국인범죄 대책'에서 '테러 대책'으로

'외국인범죄'가 '급증', '흉악화'하고 있는 듯한 사회적 분위기가 확산되는 가운데, 2003년 여름을 기점으로 정책적으로도 뚜렷한 변화가 나타났다. 같은 해 10월에는 도쿄도, 경시청, 도쿄 입국관리국이 '수도 도쿄의 불법체류 외국인 대책 강화에 관한 공동선언'을 발표하였고, 같은 해 말에는 내각에서 '범죄에 강한 사회를 실현하기 위한 행동계획'을 책정하여 "불법체류자 수를 5년 안에 반으로 줄인다"는 외국인범죄대책을 확립하였다.

그 후로 '테러대책 추진 요강' [11], '테러의 미연방지에 관한 행동계획' [12], '새로운 출입국관리 시책에 대한 제언' [13] 등 본격적인 테러 대책으로 초점이 이동하고 있다. 이러한 움직임 속에도 외국국적자에 대한 명백한 차별이 존재하고 있다. 그 중 몇 가지 예를 들어 보자.

---

11   경찰청, 2004년 8월.
12   국제조직범죄 등 국제테러대책 추진본부, 2004년 12월.
13   자유민주당 정무조사회, 2005년 6월.

(1) 이메일 신고 제도

2004년 2월, 법무성 입국관리국은 "불법체류자 수를 5년 안에 반으로 줄인다"는 정책에 따라 강제퇴거 대상이 되는 외국인을 이메일로 신고할 수 있는 제도를 실시하였다. 초기에는 '이웃민폐', '불안', '고용주가 허가 받지 않음' 등의 '신고 동기'를 목록에서 선택하도록 하고 있었다. 격렬한 항의를 받고 이 목록은 삭제되었지만 이메일 신고 제도는 지금도 유지되고 있다.

일본변호사연합회(日弁連)는 2005년 3월 이 제도에 대한 의견서를 통해, 인종차별철폐조약에 위반될 우려가 크다는 점을 지적하고 제도 시행 중지를 요청한 바 있다. 인종차별에 관한 유엔 특별보고 담당자도 2006년 1월에 제출한 보고서에서 이 제도가 인종차별 및 제노포비어를 선동하는 것으로 폐지할 것을 권고하였다.

그러나 법무성 입국관리국은 이메일 신고 제도가 기본적으로 이전부터 실시되고 있던 전화와 팩스 신고와 별반 다를 것이 없다는 입장을 취하고 있다. 이런 사태에 대응하기 위해서는 IT와 바이오매트릭스(biometrics) 등 새로운 기술 도입이 개인의 사생활을 포함한 기본적 인권에 어떤 영향을 미치는지를 사전에 점검하는 시스템이 확립되어야 한다.

(2) 경찰청 과학경찰연구소가 수행하는 '민족식별지표' 연구

경찰청 과학경찰연구소는 2002년, '외국인범죄를 구명하기 위한 생체시료를 이용한 지표 개발'이라는 연구를 수행하였다. 이어서 2003년부터 2006년에 걸쳐, '재일외국인범죄의 증가에 대처하기 위한 새로운 검사지표의 개발'이라는 연구를 진행하고 있다. 이 연구는 "미토콘드리아 DNA의 데이터베이스를 이용해 민족을 식별할 수 있는 가능성을 검토하는 것"이며, 생체물질을 이용해 외국인 여부와 민족을 식별하려는 것이다. 범죄와 인종을 연계시킨 검사 지표의 개발 자체가 인종적 편견에 기초하고 있는 것으로 이는 분명히 인종차별을 조장하는 것이다.[14]

(3) 테러대책의 진행

현재 IT와 바이오매트릭스를 중심으로 다양한 과학기술을 이용한 테러대책이 급속히 추진되고 있다. 이는 개인의 사생활과 통신 비밀을 비롯한 기본적인 인권을 치명적으로 훼손하는 감시사회화의 진행을 초래하고 있다.

9·11 이후 일본의 테러대책은 알카에다와 이슬람과격파 등과 '대테러전쟁'을 수행하고 있는 미국에 어느 정도 협력할 것인지, 자위대의 해외파견이 인정받을 수 있을지를 둘러싼 군사적, 외교적 문제에 초점을 맞추고 있다. 그러나 2003년 이후 치안악화가 선전되고, 외국인범죄가 강조되면서 국내에서도 분명한 테러 대책의 필요성이 제기되기 시작하였다. 현재는 거의 모든 성청에서 어떤 형태로든 테러대책 관련 조치를 취하고 있고, '원자력발전소에 대한 테러공격'을 가상해서 유사법제인 국민보호법에 기초한 실전훈련을 실시하는 상황

---

14 관련연구로 'DNA형 분석에 의한 고도 프로파일링(profiling) 시스템의 개발' 및 '특이한 범죄수법을 동반하는 흉악사건의 범인상 추정에 관한 연구' 등도 동시에 진행되고 있다. DNA 데이터베이스 구축, 특히 범죄자·DNA 데이터베이스 상호이용 등도 미국 FBI와 정보를 교환하는 것을 포함하여 구체적인 검토 과제가 되고 있다.

까지 이르게 되었다. 전쟁을 할 수 있는 나라 만들기와 테러대책이 한 방향으로 합류해 가고 있는 것이다.

이미 결정된 테러대책에는 다음과 같은 것들이 있다.

① 경찰관이 항공기에 경호를 위해 탑승하는 스카이 마셜(2004년 12월)

② 외국에서 출발한 비행기가 일본에 도착하기 전에 항공회사로부터 탑승객과 승무원에 관한 정보를 제공 받는 사전여객정보시스템(APIS, 2005년 1월)

③ 숙박업자를 통한 외국인 투숙객의 신원확인 강화(여권복사에 대한 행정지시 등)

④ 항공기, 선박 등 운송업자에게 승객의 여권확인 의무화(2005년 입관난민법 개정)

⑤ 외국 출입국관리 당국에 정보 제공(2005년 입관난민법 개정)

⑥ IC 여권 도입(2005년 여권법 개정)

⑦ 입국 시 지문채취, 안면사진 촬영 등 생체정보 제공 의무화(US-VISIT 프로그램 일본 판)[15](2006년 입관난민법 개정)

⑧ '테러리스트'로 인정된 자 등에 대한 강제퇴거 사유 신설(2006년 입관난민법 개정)

그 외에도 테러자금 유입을 방지하기 위한 대책 강화, 생물테러방지를 위한 병원성미생물 관리체제 강화 등이 예정되어 있다.

또한 자유민주당 정무조사회는 IC 출입국카드 발행, IC 체류카드 발행, 출입국정보와 체류정보를 통합한 '인텔리전스 센터' 구축 등을 제

---

15   2004년 미국에서 도입된 U.S. Visitor and Immigrant Status Indicator Technology의 약칭. 지문과 안면사진 등의 생체식별정보를 활용하여 출입국관리를 강화하는 프로그램.

안하였다. 언론 보도에 의하면, 2007년부터 신병구속, 통신 방수*, 집회제한이 가능하도록 한 '테러대책기본법'을 제정하는 등 본격적인 법률정비가 검토되고 있다.

이러한 테러대책의 대부분은 일본을 오가는 외국인의 출입국과 체류 전반을 철저하게 관리하는 체제 수립을 목표로 하는 것으로, 일본을 방문하는 외국인이 얼마나 숨 막히는 상태에 놓이게 될 것인지 쉽게 상상할 수 있다. 철저한 외국인관리는 결과적으로 일본인을 포함한 전 시민에 대한 철저한 관리로 이어질 수밖에 없다. 이미 테러대책의 일환으로 국토교통성의 외곽단체 담당 하에 도쿄의 지하철 개찰구에 카메라를 설치하여 지나가는 모든 승객의 사진을 찍어 블랙리스트의 데이터베이스에 자동 조회하는 실험이 2006년 5월부터 실시되고 있다.

인종차별을 철폐하기 위하여

인종차별철폐조약은 1965년 UN에서 채택되었지만, 일본이 이를 비준한 것은 그로부터 30년이 경과한 1995년이었고, 효력을 가지게 된 것은 1996년 1월부터였다. 이는 인종차별문제에 대한 일본정부의 문제의식 수준이 반영된 것이다. 그러나 인종차별철폐조약에 가입한 후에도 일본정부의 인식에 큰 변화는 없었다.

2001년 3월, UN 인종차별철폐위원회는, 일본정부에 제출한 총괄소견서에서 "인종차별을 금지하기 위한 특별한 법률이 제정될 필요가 있다"는 견해를 밝혔지만, 같은 해 8월, 일본정부는 "우리나라(일본)의 현 상태가 기존 법제도를 통해 차별행위를 효과적으로 억제하는 것이 불가능하고, 입법 이외 조치에 의해서 이를 억제하는 것이 불가능할 정도로 명백한 인종차별행위가 발생하고 있는 상황이라고는 인식되지 않으므로 인종차별금지법 등의 입법조치가 필요하다고는 생각하지 않는다"라는 반론을 제출하였다.

그러나 전술한 바와 같이 일본사회의 인종차별 정도가 결코 심하지 않은 것이 아니며, 단지 그런 행동을 인종차별이라고 인식하는 감도(感度)가 낮을 뿐이다. 경찰이 작성한 차별 전단, 외국인범죄통계발표는 인종차별철폐조약 제2조 1항 a "국가 및 지방의 모든 공공 당국 및 기관이 이(인종차별을 철폐할) 의무에 따라 행동할 것을 약속한다"에 위반될 뿐 아니라, 제4조 c항 "국가 및 지방의 모든 공공 당국 또는 기관이 인종차별을 조장하거나 선동하는 것을 인정할 수 없다"에도 위반되는 것이다.

고위 공무원에 의한 차별발언은, 이 두 조항 외에 제4조 본문 및 a항 "인종적 우월감 또는 증오에 기초한 모든 사상 유포, 인종차별 선동"에도 반하는 것이다(일본은 그 조인을 유보하고 있다). 언론의 편협한 외국인범죄보도 또한 제4조 a항 "인종차별의 선동"에 해당될 가능성이 높다.

이와 같이 인종차별철폐조약을 비준한 것만으로는 정부기관 등에 의한 조약 위반이 성행하는 상황을 막을 수 없다. 인종차별철폐조약이 국내에서 실효성을 가지도록 하기 위해서는 반드시 인종차별철폐법이 국내법으로 제정되어야 한다. 또한 이 법률에 기초하여 '파리원칙'[16]에 준거한 국내인권기관으로 정부기관에서 독립하여 독자적인 재정과 조직을 갖춘 '인권위원회'를 설치해야 한다(상세한 내용은 제언 참조).

---

16 2장의 주9 참조.

제언

1. **정부 및 지방자치단체는 이주자, 재일외국인, 민족적 소수
   자에 대한 인종차별과 외국인 혐오에 관한 특별조사위원
   회를 아래와 같이 설치한다.**

   (1) 이 조사위원회는 정부로부터 독립성을 확보하고 충분한 권
       한을 부여 받도록 한다.

   (2) 이 조사위원회는 이주자, 재일외국인, 민족적 소수자, 관련
       NGO 대표를 포함하여 구성한다.

   (3) 이 조사위원회는 아래 사항을 포함한 필요사항을 조사하여 그
       결과를 공표하는 동시에 가능한 대응조치에 대해 제언한다.

   ① 입국관리국, 경찰 등 공권력을 가진 법집행기관과 관련
     된 인권침해, 차별조장사건, 특히 아래 사항을 포함한다.

   a. 입국관리국, 경찰, 구금시설 직원에 의한 폭행사건.

   b. 이주자와 재일외국인을 조직적으로 별건(別件)체포한
     혐의.

   c. '재일외국인범죄' 관련 경찰통계의 인종차별적 성격
     과 그 발표 및 홍보활동상의 문제.

   d. 경찰에 의한 외국인범죄 관련 차별 전단, 포스터 배포.

   e. 테러대책 및 유사법제에 의한 개인 사생활과 통신 비
     밀 및 기본적 인권 침해 상황.

② 2000년 4월 및 2001년 5월에 있었던 이시하라(石原) 도 쿄도지사의 차별 발언.

③ 공무원, 특히 입국관리국과 경찰 등 법집행기관의 직원 및 사법관계자에 대한 인권교육 현황.

④ 언론의 외국인범죄보도. 이에 대한 조사에서는 보도기 관의 자주성을 존중한다.

⑤ 민간인, 민간기관에 의한 차별과 인권침해. 특히, 각 지 역의 상가 출입거부, 입주거부, 취업차별 및 차별전단 관련 사안.

⑥ 증오 범죄, 특히 재일조선인 어린이, 학생에 대한 공격.

⑦ 여성과 어린이 이주자 특히 인신매매 피해자, 가정폭력 피해자, 가사노동자가 처해 있는 상황.

⑧ '합법적'인 것으로 간주되는 공적, 제도적 차별을 초래 하는 인종차별적 영향.

(4) 정부, 지방자치단체 관계기관은 이 조사위원회의 출두요청 과 질문에 응하고, 요청 받는 자료를 제출해야 한다.

(5) 정부, 지방자치단체 관계기관은 이 조사위원회의 제언을 존 중해야 한다.

2. 외국국적자에 대한 인권침해를 방지하기 위해 즉시 다음 조치를 취한다.

(1) 입국관리국이 개설한 이메일 신고 웹사이트를 폐쇄한다.

(2) 재일외국인범죄에 관한 발표를 즉시 중지한다. 관계당국이

집계하는 범죄통계에서 재일외국인이라는 범주 분류를 폐지한다.

(3) 경찰당국은 각 단위에서 외국인에 특화한 범죄관련 캠페인이 없는지를 점검하여 발견될 시 이를 폐지한다.

3. '외국인인권기본법'을 제정한다(1장 참조).

4. 국제인권제조약을 완전 비준하고 이를 실시한다. 특히 아래 사항을 조속히 실행한다(1장 참조).

(1) 인종차별철폐조약 제4조 a, b항의 유보를 철회하고 동 조약 제14조(개인, 단체의 신고 제도)가 요구하는 선언을 한다.

(2) 개인신고제도를 규정한 자유권규약 제1선택 의정서를 비준한다.

(3) 인종차별철폐위원회를 비롯한 국제인권기관이 일본정부에 권고한 사항을 실행한다.

5. '인종차별철폐법'을 제정하고 이에 기초하여 독립적인 국내인권기관을 설치한다. 그 요강은 아래와 같다.

(1) 이주자, 재일외국인, 민족적 소수자의 인권을 명시하고, 인종차별 및 인권침해 금지와 처벌, 피해자 구제와 보상 등을 다음과 같이 정한다.

① 이주자, 재일외국인, 민족적 소수자가 헌법 및 비준된 국제인권제조약에 기초한 인권과 기본적 자유를 누릴

수 있도록 할 것.

② 그 보호와 실현, 특히 인종차별 철폐를 국가와 지방자치
단체의 의무로 할 것.

③ 인종차별철폐조약에 준거하여 금지해야 할 인종차별과
인권침해를 정의하고, 여기에 국적에 의한 차별을 포함
시킬 것.

④ 공권력과 공무원에 의한 차별과 인권침해를 중시할 것.

⑤ 인종차별 처벌 및 인종주의를 선전, 선동하는 행위를 형
사죄로 하는 규정을 포함할 것.

⑥ 피해자 구제와 보상, 그 신청절차를 규정할 것.

(2) 이 법률의 실행기관으로 인권위원회를 설치한다. 인권위원
회는 파리원칙에 준거하여 다른 모든 정부기관으로부터 독
립한 기관으로 다음 요건을 갖추는 것으로 한다.

① 조직구성의 독립성을 확보할 것. 특히 재정, 사무기관
등 독립된 조직기반을 가질 것.

② 조직구성에서 다원성을 확보할 것. 특히 위원과 사무국
에 이주자, 재일외국인, 민족적 소수자의 대표, 관련
NGO, 변호사, 전문가를 포함할 것.

③ 권한과 기능은 아래 사항을 포함하고, 총체적인 인권보
장활동을 수행할 수 있도록 폭넓은 것으로 할 것.

a. 정기적인 또는 특별한 과제에 관한 이주자, 재일외국
인, 민족적 소수자의 인권상황 조사와 보고의 공표

b. 법령, 정책, 시책의 상시적인 재검토 및 정부, 국회, 재

　　　　판소에 대한 권고

　　c. 인종차별 반대 투쟁과 종합적인 인권보장을 목표로 하
　　　는 국내 행동계획 입안과 필요한 입법 제안

　　d. 각 국제인권규약의 실행감시위원회에 제출하는 정부
　　　보고를 위한 정보제공 및 국제인권기관과의 협력

　　e. 법집행관과 사법관 등에 대한 인권연수 및 학교와 사회
　　　일반의 인권교육 지원

　　f. 인권침해 피해 구제와 보상을 지원하거나 혹은 독자적
　　　으로 행하는 준사법적 기능

　　g. 인권 관련 연구 및 연구 지원

　④ 활동의 유효성을 확보할 것. 특히 이주자, 재일외국인,
　　민족적 소수자의 홍보, 통역 등에 대한 접근성을 확보할
　　것. 또한 관련 NGO, 노동조합과의 협력에서 분명한 위
　　치 확보.

(3) 인종차별 반대 투쟁, 총체적인 인권보장, 다민족 · 다문화
　　공생사회를 목표로 하는 국내행동계획 책정이 정부의 의무
　　가 되도록 한다.

　책을 번역하면서, 조금이라도 세상이 밝아졌으면 좋겠다고 생각했다.

　이 책은 일본에 살고 있는 이주민들이 겪는 생활을 각 방향에서 조명하고, 다함께 조금이라도 더 잘 살아갈 수 있는 방향을 제시하고 있다.

　탁상공론이 아니라, 현장에서의 체험을 통해 만들어진 책이기에, 번역하기가 더욱 조심스러웠다. 번역하는 장마다 나 자신의 경험도 오버랩되었다. 일본에 오자마자 아르바이트를 하면서 생활해야 했던 나는 설거지, 도시락 가게, 고깃집, 24시간 편의점을 거쳐, 지금의 세탁소 아르바이트에 이르기까지 여러 가지 일을 하면서 여러 사람들과 만나게 되었다. 그 속에서 서로에 대한 편견이 조금씩 차이에 대한 이해로 발전함을 느꼈다. 그것은 아마도 내가 가지고 있는 '학생'이라는 또 하나의 신분이 긍정적인 요인으로 작용했기 때문일지도 모른다.

　1999년에 처음으로 6개월 취학비자를 취득하고 외국인등록증을 만들었을 때는 외국인등록증에 지문을 찍어야 했다. 5년 후 등록증을 갱신할 때는 지문이 서명으로 대체되었다. 그러나 지금은 다시, 외국인등록증에 지문을 찍어야 한다. 이것은 이주민의 한 사람으로서는

231

불쾌하기 짝이 없는 처사이다.

점점 이주민이 살기 힘든 나라가 되어가는 일본에서도, 뜻있는 분들은 오늘도 모두가 함께 살아가기 위한 사회를 만들기 위해 움직이고 있다. 그러한 움직임들이 구호만 거창한 '공생사회'의 내실을 채워주리라 믿는다.

올해로 타지생활 10년째를 맞이하는 나는, 그나마 한국어를 구사하는 데 별로 불편함을 느끼지 않고 살고 있다고 자부하고 있었지만, 내가 번역해 놓은 한글문장들은 어색하기 짝이 없는 것들이었다. 매끄럽지 못한 한국어 번역을 바르게 펴주신다고 무진장 애를 써주신 분들에게, 그리고 책이 번역되어 한국에서 출판될 수 있도록 해주신 여러분께 감사의 말씀을 전한다.

이주와인권연구소 연구위원 이혜진

외국국적 주민 관련 연표
1979~2005

◇……정부 관련사항, 기타
◆……이주련   관련사항
*……그 해에 발족한 관련단체

1979년

9월 ◇ 국제인권규약 비준

1982년

1월 ◇ 난민의 지위에 관한 협약 및 난
민의 지위에 관한 의정서 가입.
이에 따라 아동수당 3법, 국민연
금법 개정하여 국적조항 폐지 /
출입국관리령 개정, 출입국관리
및 난민인정법(이하 입관난민
법) 시행

1985년

* 재일 아시아 여성문제를 생각하
는 모임 滯日アジア女性問題を
考える會, 쿠마모토(熊本). 후에

콤스타카 외국인과 함께 살아가
는 모임 コムスタカ外國人と共
に生きる會으로 개칭
1월 ◇ 국적법과 호적법 일부 개정: 출생
에 의한 국적취득에서 양계혈통
주의 채택 / 이중국적자의 국적
선택제도 신설
5월 ◇ 외국인등록법의 지문에 관한 정령
(政令) 개정: 지문날인 방법 변경
6월 ◇ 여성에 대한 모든 형태의 차별철
폐에 관한 협약 비준
8월 ◇ 외국인등록 갱신기간에 즈음하
여 지문 날인 거부운동이 최고조
에 달함
9월 ◇ 플라자합의의 영향으로 급격한
엔고 진행, 외국인노동자 유입
촉진
12월 ◇ 유엔 외국인인권선언

1986년

* 여성의 집 HELP

12월◇ 일본어 학교와 재학생 급증, 외국인 취학생 도입기관협의회 발족

1987년

  * 아시아인 노동자문제 간담회 ア ジア人勞動者問題懇談會, 도쿄 (東京) / 카라바오회 カラバオの 會, 요코하마(横浜) / 아르스의 모임 あるすの會, 나고야(名古 屋) / APFS, 도쿄 / 아시아의 친구 アジアンフレンド, 오사카(大阪)

2월 ◇ 법무성 입국관리국 프로젝트 제 언: 단신을 원칙으로 취업연수 3 년 한도로 외국인노동자 도입범 위 확대 검토

6월 ◇ 입관협회 설립

1988년

1월 ◇ 노동성, 노동관계법령은 국적, 체류자격에 상관없이 적용가능 하다고 통지

3월 ◇ 노동성「외국인노동자문제 연구 회 보고서에 대하여」 발표: 고용 허가제 제안 / 단순노동자 금지 (이전과 동일) / 기술기능직, 유 학생, 기술연수생 도입 확대

5월 ◇ 정부, 내각관방에 외국인노동자 문제 특별위원회 설치

6월 ◇ 외국인등록법 개정: 지문날인 1 회 / 지문카드 도입 / 지문재날인 명령권 신설

  ◇ 각의(閣議)결정「제6차 고용대책 기본계획」: 전문기술적 능력을 가진 외국인은 가능한 도입하고 단순노동자에 대해서는 신중히 검토

12월◇ 외국인노동자에 대한 조사검토 를 위한 간담회, 최종보고서 노 동성에 제출

1989년

3월 ◇ 정부, 입관난민법 일부를 개정하 는 법률안을 제114회 정기국회 에 제출

5월 ◇ 29일 이후 난민 2,804명 도착, 그 중 1,668명 중국인으로 판정, 난 민인정 거부

11월◇ 노동성, 도쿄도, 카나가와(神奈 川)현, 아이치(愛知)현, 오사카후 (大阪府)의 각 노동기준국에 외 국인노동자 상담코너 신설

  ◆ 시민단체, 입관난민법 개악을 반 대하는 11·11 긴급집회 개최

12월◇ 입관난민법 개정: 체류자격(27 종) 제도 정비 / 불법취업조장죄 신설 / 성령(省令) 개정하여 닛케 이진(日系人) 도입

  ◇ 중국에서 온 난민 301명 강제송환

1990년

  * 외국인노동자와 손을 잡는 치바 의 모임 外國人勞動者と手をつ なぐ千葉の會 hand in hand ち ば / 외국인노동자변호단 外國人 勞動者弁護團 LAFLR, 도쿄

3월 ◆ 시민단체, 도쿄를 중심으로 출입
　　　국관리문제 핫라인 개설
　　◆ 카나가와에서 입관난민법 개악
　　　에 의한 외국인노동자 탄압을 반
　　　대하는 3 · 18 긴급집회 개최
5월 ◇ 통산성 산업노동문제간담회 「외
　　　국인노동자에 대한 대응에 관하
　　　여」 발표: 단순노동자 도입은 경
　　　제사회 정세변화에 따라 조정 /
　　　연수생제도 확충
6월 ◇ 개정 입관난민법 시행, 그 수개월
　　　전부터 초과체류자에 대한 처벌
　　　이 강화된다는 언론의 오보를 믿
　　　은 초과체류자가 연일 수천 명
　　　입국관리국에 자진출두해 대혼
　　　란 발생
　　◇ 필리핀여성을 매춘에 알선해온
　　　필리핀인에게 개정 입관난민법
　　　첫 적용(불법취업조장죄)
8월 ◇ 외국인연수생 도입기준을 완화하
　　　는 입관난민법의 법무대신 고시,
　　　당일 실시
10월◇ 후생성, 후생성 주최의 생활보호
　　　담당자회의에서 단기체류외국
　　　인과 초과체류자에게는 생활보
　　　호를 적용할 수 없다고 설명, 지
　　　도
11월◇ '외국인이 여성을 습격하여 희
　　　롱, 폭행했다'는 소문이 사이타
　　　마(埼玉)현 동부와 인접한 치바
　　　(千葉)현 일부에 확산됨
12월◇ 18일, 유엔총회 모든 이주노동자
　　　와 그 가족의 권리보호에 관한
　　　국제조약 채택

1991년

＊ 카나가와 시티유니온 神奈川シ
　　ティユニオン, 카나가와 / 재일
　　외국인과 연대하는 모임 滯日外
　　國人と連帶會, 카나가와 / RINK,
　　오사카 / 미나토마치 건강상조회
　　みなとまち健康互助會, MF-
　　MASH, 카나가와
1월 ◇ 노동성 「외국인노동자가 노동
　　　측면에 미치는 영향에 관한 연구
　　　회」 보고: 미숙련노동자 도입에
　　　는 부정적
2월 ◇ 신쥬쿠구(新宿區), 주택 및 주거
　　　환경에 관한 기본조례 제정: 외
　　　국인에 대한 주거차별 해소를 호
　　　소하여 구내의 부동산중개업자
　　　의 〈협력점(店) 제도〉 발족
3월 ◇ 문부성, 외국국적 주민에게 교사
　　　채용수험을 인정하지만, 공립학
　　　교교사 채용은 상근강사에 한정
　　　한다고 통지
4월 ◇ 입관특례법(일본과의 평화조약
　　　에 기초해 일본국적을 이탈한 자
　　　등의 출입국관리에 관한 특례법)
　　　제정(동년 5월 공포, 11월 시행)
　　◆ 제1회 칸토우(關東)외국인노동
　　　자문제 포럼(사이타마) 개최(270
　　　명 참가)
5월 ◇ 도쿄의 우에노공원, 요요기공원,
　　　JR 닛뽀리역 등에 이란인 모임
　　◇ 카가와(香川)현 젠츠지(善通寺)
　　　시, 닛케이진 어린이 취학 불인정
9월 ◇ 최초의 포르투갈어 신문, 인터내
　　　셔널 프레스 발간
　　◇ 시모노세키 사건(강제매춘을 강

요당한 타이여성이 같은 나라 출신의 경영자를 살해). 이와 같은 사건이 연이어 발생

10월 ◇ 국제연수협력기구(JITCO) 설립

12월 ◇ 군마(群馬)현 오오이즈미쵸(大泉町)에 일본·브라질 센터 설립

◇ 오사카후, 민족학교에 수업료 경감 보조금 지급 시작

1992년

* 젠토우이츠 노동조합 외국인노동자분회 全統一勞動組合外國人勞動者分會, 도쿄 / 외국인과 함께 살아가는 오오타 시민네트워크 外國人とともに生きる大田·市民ネットワーク(OCNet), 도쿄 / 여성의 집 사라 女性の家サーラー, 카나가와

2월 ◇ 법무성, 경찰청, 노동성 공동으로 불법취업 외국인대책 관계성청 연락회의 및 불법취업 외국인대책 협의회 설치

3월 ◇ 후생성, 1년 미만 체류 외국인 국민건강보험 가입에서 제외

4월 ◇ 이란인에 대한 상호비자면제조치 일시정지

◇ 건설성, 외국인등록자에게 공영주택 입주자격을 일본인과 동등하게 부여하도록 지시

◇ 오사카시, 도도부현(都道府縣)과 정령시(政令市) 중 처음으로 대졸 사무직 채용 전형에 전문사무직('경영정보', '국제'의 2전형)을 신설하여 국적요건 철폐(1995년부터는 단기대졸, 고졸에

게 적용 확대)

◇ 효고(兵庫)현 카와니시(川西)시, 외국국적 주민 관리직에 채용. 카나가와현 아이가와마치(愛川町), 외국국적 임시보모 채용

◇ 토요하시(豊橋)시, 일본어 지도교사 추가배치. 시즈오카(靜岡)현, 외국어가 가능한 전문상담원을 학교에 배치

◆ 제2회 칸토코신에츠(關東甲信越) 외국인노동자문제 포럼(군마) 개최

5월 ◇ 외국인등록법 개정: 영주외국인의 지문날인의무 폐지, 가족사항 등록 결정(93년 1월 시행)

◇ 법무성, 「제1차 출입국관리 기본계획」 수립: 기능실습제도 신설 검토 시작

6월 ◇ 코베(神戶)시, 일반사무직에 '경영', '국제관계'의 시험 전형 설치, 국적요건 폐지

7월 ◇ 도쿄도, 32년 만에 행려병자 및 행려사망자 대우법(행려법) 부활

◇ 카와사키(川崎)시, 공립학교의 외국인학생 대상으로 일본어 교육 시작

12월 ◇ 법무성, '연수'에 관한 기준성령 완화

1993년

2월 ◇ 최고재판소, 정주외국인의 국정선거권 불인정 판결

4월 ◇ 기능실습제도 설립

◆ 외국인노동자의 춘투(春鬪), 제1회 생활과 권리를 위한 외국인노

동자 일일행동
◇ 식재(植栽)를 이유로 요요기공
원의 이란인을 쫓아냄
◇ 후생성, 초과체류자에게 입원조
산(入院助産)제도 적용하지 않
기로 함
◇ 군마현, 카나가와현, 체불의료비
지원 시작. 카나가와현 행려법
부활
◇ 요코하마시, 행려병자와 행려사
망자 지원사업, 외국인 의료지원
사업 개시(체불된 긴급의료비를
현과 협력하여 지원)
◆ 제3회 칸토코신에츠 외국인노동
자문제 포럼(나가노(長野)) 개최
5월 ◇ 초과체류자 29만 8천 명으로 정
점에 달한 이후, 점차 감소 경향,
한편 체류 장기화 진전
◇ 노동성, 외국인노동자의 고용과
노동조건에 관한 지침 수립
6월 ◇ 말레이시아에 대한 비자취득권
장조치 실시
9월 ◇ 불법취업조장죄로 青柳行信씨
체포. 이주자의 지원자에게 불법
취업조장죄가 최초로 적용된 사
례(96년 3월 지방재판소에서 징
역 8개월, 집행유예 3년 판결, 98
년 3월 고등재판소에서 원심 파
기, 벌금형 확정)
11월 ◇노동성, 취업자격이 있는 외국인
에게 고용보험 적용하도록 지시
12월 ◇히가시니혼(東日本) 출입국관리
센터(이하 센터) 개설(이바라키
(茨城)현 우시쿠(牛久)시)

1994년

* 일본계 필리핀 어린이를 지원하
는 네트워크 JFC(Japanese
Filippino Children)を支持するネ
ットワーク, 도쿄
2월 ◇ 노동성, 강제퇴거 집행 전 권리
구제를 위해 노력하라고 통지
봄 ◇ 조선학교 학생에 대한 습격사건
빈발
4월 ◇ 법무성, '기능' 등에 관한 기준
성령 개정
◇ 효고현, 체불의료비지원 시작
◆ 제4회 히가시니혼 외국인노동자
문제 포럼(요코하마) 개최, 600
명 참가, 이 포럼에서 '전국포
럼' 개최가 제안됨
5월 ◇ 아동의 권리 협약 발효
8월 ◇ 일본어교육진흥회, 일본어학교
인정기준 강화
10월◇ 중국잔류일본인의 원활한 귀국
촉진 및 영주귀국 후의 자립지원
에 관한 법률 시행
11월◇ 인터하이(전국 고등학교 종합 체
육대회)에 민족학교 참가 전국규
모로 실현
◇ 법무성「일본어 유학생의 체류상
황과 도입방침에 관하여」 발표
12월◆ 입국관리국 직원에 의한 폭행사
건 내부고발

1995년

* 다문화공생센터 多文化共生セ
ンター, 오사카 / NGO 코베 외
국인지원 네트워크 NGO神戸外

國人救援ネット
1월 ◇ 한신(阪神) 아와지(淡路) 대지진 발생, 코베시의 외국인사망자 수가 151명에 이름 ⇒ 외국인의 자조조직, 지원조직 활약. 재건을 위한 건설 붐으로 닛케이진 다수 고용
◇ 나가노 무국적 아동 소송, 최고재판소 원심 파기, 일본국적 인정
2월 ◇ 정주외국인 지방참정권 소송 최고재판소 판결. 상고 기각했지만, "정주외국인의 지방선거 선거권을 법률에 의해 부여하는 것은 헌법에 위반되지 않는다"고 판결
◇ 〈정주외국인에게 참정권을 부여하는 자치체 결의〉 확대, 95년 11월 현재 약 800개 의회가 결의, 카나가와현에서는 찬성 100%
3월 ◇ 외국인노동자에게 처음으로 직업병 인정
4월 ◇ 연금탈퇴 일시금 지급 시작
◇ 카와사키시, 일반사무직(국제직)에 처음으로 한국국적 직원 채용
◇ 도쿄도, 사이타마현, 치바현, 외국인체불의료비 지원사업 시작
◆ 〈지진재해 시의 외국인의 인권〉 전국 연구교류 집회(오사카) 개최
5월 ◇ 후생성, 외국인 관련 의료 간담회 보고 발표: 자격외취업자의 건강보험 가입 제언
◇ 코베시, 대졸직원 채용시험의 '정보처리', 고졸직원 채용시험의 '경영정보' 에서 국적요건 폐지. 교원에 대해서는 기한을 정

하지 않은 상근강사에 대해서만 국적요건 폐지
6월 ◇ 요코하마시, 카와사키시, 고졸 전문직 일부를 외국국적 주민에게 개방
7월 ◇ 페루, 비자취득권장조치 실시
9월 ◇ 제4회 세계여성회의(베이징) 개최
10월 ◇ 후생성, 초과체류자에게 입원조산, 양육의료 등의 공공비용지원을 다시 시작하도록 지시
11월 ◇ 니시니혼(西日本) 센터 개설(오사카(大阪)부(府) 이바라키(茨木)시)
12월 ◇ 법무성, 요청 시 외국인등록 원문의 복사본을 본인에게 교부하도록 방침 수정
◇ 「제8차 고용대책 기본계획」 각의 결정: 전문기술직 분야의 노동자는 가능한 도입, 단순노동자 도입은 국민의 동의를 구하면서 충분히 신중하게 대응

1996년

1월 ◇ 인종차별철폐조약 발효(1995년 12월 일본 가입)
◇ 코치(高知)현, 오사카시, 일반직 채용에서 국적조항 폐지 포기
4월 ◆ 제1회 이주노동자문제 전국포럼, 후쿠오카(福岡) 개최, 350명 참가, 이 포럼에서 이주노동자와 연대하는 전일본 네트워크(이하 이주련) 결성하기로 결정
5월 ◇ 카와사키시, 정령시 중 처음으로 일반직 채용에서 국적조항 폐지

(소방직 제외)

◇ 오오타(太田)시, 시직원 채용시
험 수험자격 중 현업직(現業職)
의 국적조항 폐지

◇ 오오이즈미쵸의 외국인등록자
가 지역 인구의 10%를 넘어서 외
국국적 인구 비중이 일본에서 가
장 높은 쵸(町)가 됨

6월 ◇ 법무성, '흥행'에 관한 기준성령
개정, 심사 주요기준 공표(동년
9월 시행)

7월 ◆ 법무성, 혼인관계 외의 일본인과
의 사이에서 낳은 자녀를 양육하
고 있는 외국국적 주민의 정주
허가 방침 발표(7. 30 통지)

9월 ◇ 조선학교 졸업생에게 카와사키
시립간호단기대학 수험자격 인
정

10월 ◇ 카와사키시, 외국인대표자회의
설치 조례안, 의회전원일치로 가
결

11월 ◇ 자치대신(自治相), 지방공무원
일반직의 외국국적주민 채용을
조건부허용한다는 견해 발표. 사
실상 카와사키시의 방침을 인정
한 것

12월 ◇ 법무성, 유학생 신원보증서 제출
폐지

◇ 총무청, 문부성에게 외국인 자녀
의 교육과 귀국한 자녀의 대학
입학에 대한 방침을 유연하게 하
라고 권고

1997년

1월 ◇ 카나가와현, 직원채용의 국적조
항폐지 기준을 개별직종에 따라
판단한다는 방침 제출

◇ 요코하마시, 일부 직종을 제외하
고 직원채용시험의 국적조항을
사실상 폐지한다는 방침 확정

◇ 최고재판소, 초과체류자 산재보
상 중 휴업급여를 3년간은 일본
기준으로, 그 이후로는 본국 기
준으로 산정하도록 판결

2월 ◇ 법무성, 사생활보호 차원에서 외
국인등록원문에 대한 조사기관
으로부터의 열람요청을 엄격하
게 처리하도록 지시

3월 ◇ 총무청, 비영주자를 대상으로 한
외국인등록증명서의 지문날인
폐지를 법무성에 권고(원문의 지
문으로 충분하다고 판단)

4월 ◇ 연수기능실습제도의 체류기간
연장(2년 이내 ⇒ 3년 이내)

◆ 제2회 이주노동자문제 전국포
럼, 아이치 개최, 200명 참가 ⇒
이주련 발족

5월 ◇ 밀항조직 처벌을 강화한 개정 입
관난민법 공포, 5월 11일 시행

◇ 도쿄도, 외국인도민회의 창설

9월 ◇ 카와사키시, 일반행정 사무직에
외국국적자 3명 채용, 사실상의
국적조항 폐지

10월 ◇ 최고재판소 판결, 일본인과 결혼
한 외국국적 여성, 혼외자에게도
일본국적 부여

12월 ◆ 이주련, 제1회 정부(노동성) 청
원

1998년

* 이주노동자와 함께 살아가는 네트워크 큐슈 移住 勞動者と共に生きるネットワーク九州
1월 ◇ 법무성, '기업내전근'에 관한 기준성령 개정('체류기간 상한 5년' 조건 삭제)
2월 ◇ 나가노 올림픽 개최시기에 맞추어 초과체류자 일제단속, 일명 '화이트 스노우 작전', 단속된 이들 대부분은 올림픽 관련시설 건설에 종사하던 사람들
3월 ◇ 최고재판소 최초로 외국인의 피선거권 불인정 판결. 자이니치당(在日黨)의 상고 기각
◇ 특정비영리활동촉진법(NGO법) 공포
4월 ◇ 최고재판소, 지문날인거부자에 대한 재입국불허 적법하다고 판정, 재일 3세 패소
◇ 연수기능실습 체류기간 3년의 대상 직종에 16개 직종을 추가
5월 ◇ 재일조선인교직원연맹, 일본정부가 민족학교 졸업자에게 대학수험자격을 인정하지 않는 것은 국제조약 위반이라고 유네스코에 고발
6월 ◇ 4세 이하의 재일 '무국적 아동' 933명으로 급증, 10년간 12배 증가
◆ 이주련 전국활동가회의, 아타미(熱海) 개최, 80명 참가
7월 ◇ 현실적으로 정주하고 있다는 점을 고려하여 초과체류자에게도 국민건강보험 적용하라고 동경

지방재판소 판결, 중국인 여성 승소
9월 ◇ 유학생 아르바이트에 관한 처우 변경 ① 한 주 28시간 이내 ② 휴가기간 중에는 하루 8시간 이내의 아르바이트 인정
◇ 북한 미사일 발사로 조선학교와 조선학교 학생들에게 이지메 빈발
10월◇ 입국관리국에 수용 중이던 이란인 사망, 부모 '폭행사'로 소송 제기
◇ 민주당과 평화 · 개혁(공명당), 영주외국인에 대한 지방공공단체의 의회의원 및 의장의 선거권 부여에 관한 법률안 제출
11월◇ 유엔 인권규약위원회, 최종견해 채택: 영주자의 외국인등록증 상시휴대의무는 자유권규약에 저촉되는 것임을 권고
◇ 초과체류로 국민건강보험에 가입하지 못하여 뇌종양으로 입원 중인 장남의 고액 치료비 부담을 안고 있던 요코하마시 대만출신 가족에게 동경 입국관리국 요코하마지국은 1년간 체류허가 인정
12월◇ 공산당, 영주외국인에 대한 지방공공단체 의회 의원 및 의장의 선거권 및 피선거권 부여에 관한 법률안 제출
◆ 이주련, 제1회 국제 이주노동자의 날 집회 개최

1999년

* 외국인 의료, 생활 네트워크 / 이주련 여성 프로젝트 / 외국인연수생문제 네트워크

1월 ◇ 출입국관리센터의 버어마인 수용자가 '범죄자로 취급' 되고 있는 상황을 국회의원에게 편지로 호소하려고 하자 문제가 되는 부분에 줄을 그어 삭제를 요구함

3월 ◇ 입관난민법, 외국인등록법 일부 개정안 국회 상정

4월 ◇ 법무성 입국관리국장 통지, 일본인과 혼인에 의한 체류특별허가 인정업무, 지방 입국관리국장 전담

◇ 닛케이진 어린이들을 위한 브라질 사립학교 '피타고라스 그룹' 개교

◆ 입관난민법과 외국인등록법 개정에 반대하는 시민집회에 350명 참여, 긴자(銀座)에서 '민족 퍼레이드' 개최

6월 ◆ 제3회 이주노동자와 연대하는 전국포럼, 동경 1999 개최, 1,000명 이상 참가

7월 ◇ 문부성, 외국인학교 졸업생에게 대학검정고시 합격을 조건으로 국립대학 수험 인정

8월 ◇ 입관난민법 개정: 불법체류죄 신설, 강제퇴거된 자에 대한 입국거부기간 1년에서 5년으로 연장 (2000년 2월 18일 시행)

◇ 외국인등록법 개정: 특별영주자의 여권상시휴대의무 위반에 대한 처벌을 벌금에서 과태료로 변경. 외국인 지문날인은 폐지되었지만 재일단체가 오랫동안 요구해온 등록증명서 상시휴대의무와 가중처벌 규정의 폐지는 이루어지지 않음(2000년 4월 1일 시행)

◆ 법안 심의과정에 이주련 공동대표 모리키(もりき)와 와타나베(渡邊)가 중의원법무위원회에서 참고인 의견 진술

9월 ◆ 비정규체류자 21명(15가족) APFS 지원 하에 일제히 '체류특별허가' 신청

10월 ◇ 영주외국인 지방선거권 부여 법안 자민, 자유, 공명 3당 연립정권 공동제출하기로 합의.

◇ 시즈오카 지방재판소 지부, 하마마쯔의 보석점이 브라질인에게 제시한 '외국인 출입거부' 는 인종차별이라고 판결, 가게 측에 배상 명령

11월 ◇ 문부성, 자비유학생 2만 6천 명에게 일인당 15만 엔의 일시금 지급 방침 확정

◇ 2000년 2월 18일 시행되는 개정 입관난민법에 의해 '일제단속이 있을 것이다', '벌금 30만 엔을 더 내야 된다' 는 소문이 퍼지면서 초과체류자 귀국 붐

2000년

1월 ◇ 유엔 인구동태추계에서 일본은 급속히 감소하는 노동력인구를 유지하기 위해 이후 50년간 매년 약 60만 명 이상의 이민을 받아들일 필요가 있다는 결과 제시

◇ 공명당과 자유당, 영주외국인 지방선거권 부여 법안 제출. 단, 영주외국인(영주자와 특별영주자) 중 "외국인등록원문의 국적이 국가명으로 기입되어 있는 자에 한정한다"라고 하여, '조선' 국적자와 무국적자를 선거권 부여 대상에서 제외

2월 ◇ APFS 지원 하에 체류특별허가를 신청한 사람들 중 이란인 4가족, 총 16인에게 체류특별허가(정주자 자격) 인정

◇ 법무성, 「제2차 출입국관리 기본 계획-21세기를 향한 출입국관리」 발표: 기능실습범위 확대. 간병인 도입 검토

3월 ◇ 기능실습 농업, 수산가공식품 제조업 등 4개 직종에 확대

4월 ◇ '가족체류' 체류자격을 가진 이들의 자격외활동 허가. 주 28시간 이내 원칙

◇ 이시하라 도쿄도지사, 육상자위대 네리마 주둔지에서 개최된 창립기념식에서 "불법으로 입국한 삼국인, 외국인이 흉악한 범죄를 반복해서 저지르고 있어서 큰 재해가 발생할 경우 소요를 일으킬 것이 우려된다"라고 발언. 시민단체 등 항의

5월 ◇ 강도살인혐의로 1심 무죄판결을 받은 네팔인 피고, 동경 고등재판소 직권으로 구류처분, 이의신청 기각

◆ 이주련 전국활동가회의, 스소노(裾野) 개최, 「포괄적 외국인정책의 제언」 집중토론

6월 ◇ 민주·공명당, 공산당, 공명·자유당에 의해 각각 제출된 영주외국인에게 지방선거권을 부여하는 법안이 중의원 해산으로 전부 폐안. 이후 재제출, 폐안, 재제출 반복

8월 ◇ 나리타공항에서 입국거부당한 외국인이 공항내 시설에서 경비회사의 경비원에게 폭행당한 사건에 대해 엠네스티 인터네셔널 일본지부, 이송 등의 적절한 조치를 취하도록 법무성 입국관리국에 요구

◇ 외무성, 유학생에 대한 장학금 대출 2001년부터 매년 1만 명 증가 목표 설정

9월 ◆ 시민단체, 신쥬쿠에서 국적을 넘어선 〈다문화공생 재해방지〉 훈련 실시

◇ 후생성, 중국잔류일본인의 귀국지원 대상을 동반귀국한 2, 3세까지 확대하기로 결정

11월 ◇ 국제이주기구(IOM), 이민과 난민, 장기체류 주재원을 포함한 세계의 이주자가 과거 최고인 1억 5천만 명에 달했다는 2000년판 보고 발표

◇ 중국잔류일본인의 사위에게 체류특별허가 인정. 87세의 고령으로 혼자 생활하는 것이 불가능한 점이 고려된 것으로 판단

◇ 외국인참정권의 신중한 검토를 요구하는 초당파적 국회의원의 모임 결성

◇ 경시청, '중국인으로 생각되면 110번(경찰신고 전화번호)'이라

는 전단지 배포(12월, 중국대사
관의 항의로 회수)
12월 ◇ 후생성의 중국귀국자 지원에 관
한 검토회, 잔류일본인 본인을
대상으로 귀국 후 3년 이내로 한
정되어 있던 국가지원의 기존 원
칙 수정, 자비로 귀국한 2, 3세
포함하여 대상을 확대하고 장기
적으로 지원해야 한다는 내용의
보고서를 국가에 제출
 ◇ 도쿄가정재판소, 중국잔류일본
인 M씨의 일본국적 취득 인정
 ◇ 도쿄고등재판소, 강도살인혐의
를 받고 있던 네팔인 피고에게
원심파기하고 유죄판결. 무죄구
류문제는 언급되지 않음
 ◇ 유엔 12월 18일을 국제이주노동
자의 날로 정함

2001년

1월 ◇ 오타루(小樽) 온천시설의 '출입
거부간판은 인종차별' 이라고 아
메리카게 일본인들 소송 제기.
오타루의 온천시설, 외국인의 출
입 전면 개방. 단, ①1년 이상 체
류 ②일본어 가능 ③다른 사람에
게 폐를 끼치지 않는다는 조건
첨부
 ◇ KSD 문제 부상. 관련 재단 '중소
기업 국제인재육성 사업단' (아
임 자판)도 문제가 됨
 ◇ 자민, 공명, 보수의 여 3당, 지방
참정권의 대체 조치로 특별영주
자의 일본국적 취득요건 완화를
검토하기 위해 '국적 등에 관한

프로젝트팀' 발족
2월 ◇ 사회보험에 관한 일본과 영국 간
협정 발효
3월 ◇ 유엔 인종차별철폐위원회, 일본
의 인종차별철폐조약 정기보고
서 심사: 조선학교 학생의 폭행
사건에 대한 당국의 부적절한 대
응, 귀화자의 일본식 성명 변경
압력, 이시하라 도지사의 발언이
조약에 저촉됨을 지적, 인종차별
금지법 제정 권고
4월 ◇ 경제산업성 「저출산고령화 사회
의 해외인재 도입에 관한 조사연
구보고서」 발표
 ◇ 가정폭력방지법 제정(2002년 4
월 전면시행)
5월 ◇ 토야마(富山)현에서 코란이 찢
어진 채 버려진 것이 발견된 데
대해 이슬람교도들이 코스기쵸
(小杉町)와 도쿄에서 항의집회
개최
6월 ◇ 도쿄 지방재판소, 도쿄 입국관리
국에 수용된 이란인 남성이 직원
의 폭행으로 부상당한 데 대해
제기한 소송에서, 폭행 사실은
인정하지 않았지만 필요 이상의
장기격리수용이 위법이었다고
인정, 국가에 대해 100만 엔 배상
명령
8월 ◆ 제4회 이주노동자와 연대하는
전국포럼, 칸사이(關西) 개최,
1,100명 이상 참가
 ◇ 남아프리카공화국의 더반에서
유엔 주최의 인종차별반대 세계
회의 개최, 식민지지배에 대한
사죄와 보상, 팔레스타인과 이스

라엘의 분쟁에 관하여 논쟁

9월 ◇ 11일, 미국에서 동시다발 테러
　　　발생

10월 ◇ 제4회 외국인집주도시회의(하마
　　　마쯔), 하마마쯔선언과 제언 발
　　　표

11월 ◇ 법무성, 테러대책의 일환으로 일
　　　본에 입국하는 외국인의 이름,
　　　국적, 여권번호 등의 정보를 입
　　　국 당일 전산화하여 일괄관리하
　　　는 시스템을 연내에 도입한다는
　　　방침 확정

　　◇ 난민신청 중인 아프가니스탄 국
　　　적의 남성 9명이 불법입국을 이
　　　유로 도쿄 입국관리국에 수용,
　　　도쿄 지방재판소 이 중 5명에게
　　　"수용 필요성은 인정하기 어렵
　　　다"고 하여 수용중지 결정을 내
　　　림

　　◇ 도쿄 지방재판소, 영주권이 없는
　　　미국인의 주택자금대출 거부에
　　　는 합리성이 있다고 판결

　　◇ 난민인정 신청 중에 수용되는 것
　　　은 부당하다고 호소하였으나 도
　　　쿄지방재판소에서 기각된 아프
　　　가니스탄인이 자살시도를 한 사
　　　실이 밝혀짐

　　◇ 훌리건(hooligan)에 대한 대책과
　　　'외국인범죄 대책' 등이 첨부된
　　　입관난민법 일부 개정안 국회 통
　　　과(2002년 3월 1일 시행)

12월 ◇ 영주귀국한 중국잔류일본인의
　　　가족으로 위장하여 입국한 뒤 불
　　　법체류로 단속되는 사례가 계속
　　　발생

2002년

＊ 난민을 받아들이는 방법을 생각
　하는 네트워크 難民受け入れの
　あり方を考えるネットワーク

1월 ◇ 시가(滋賀)현 요네하라쵸(米原
　　　町), 주민투표조례 제정. 전국에
　　　서 처음으로 영주자격을 가진 외
　　　국국적 주민의 주민투표권 인정.
　　　이후 자치단체 연이어 외국인의
　　　주민투표권을 인정하는 주민투
　　　표조례 제정

3월 ◇ 법무성, 국적별 난민신청자수와
　　　인정자수의 비공개 방침 변경,
　　　조건부 공개 결정

　　◇ 인도네시아 출신 연수생, 손가락
　　　이 절단된 사고에 대해 니이가타
　　　(新潟)현 산죠(三條) 노동기준감
　　　독서에 산재 신청(노동자로 인정
　　　되지 않고, 심사청구도 기각. 노
　　　동보험심사회에 재심청구 중)

4월 ◇ 하마마쯔시, 전임교원이 바이링
　　　걸(2개국어 병용)로 가르치는 교
　　　실 시작

　　◇ 재일 한국·조선인을 비롯한 외
　　　국국적 주민의 지방참정권을 요
　　　구하는 연락회, 「재일 NGO 제
　　　언」 발표

5월 ◇ 중국 심양의 일본총영사관에 북
　　　한 주민으로 보이는 남녀 5명이
　　　진입하려다 중국의 무장경찰당
　　　국에 의해 구속(이후, 한국으로
　　　이송)

　　◆ 이주련 전국활동가회의, 도쿄 개
　　　최, 『다민족·다문화 공생사회를
　　　향하여-포괄적 외국인정책 제언

『2002년 판』발표

6월 ◇ 토요하시(豊橋)시, 외국인 관련 과제의 해결방안을 행정과 기업, 시민단체가 함께 고민하는 〈다문화공생추진협의회〉 발족

◇ 국립대학협회, 전국 국립대학에 귀국학생을 대상으로 한 특별전형 지원자격에서 국적조항을 폐지하도록 요청하는 통지 전달

7월 ◇ 외국인 IT 기술자 도입에 관한 법무성 고지 일부개정

◇ 후생성「외국인 고용문제 연구회 보고서」발표

◇ 시민이 만드는 정책조사회 이민정책검토 프로젝트「21세기 일본의 외국인 이민정책-당면과제에 대한 제언과 새로운 사회통합정책의 필요성」발표

9월 ◇ 고이즈미 수상, 북한 방문: 일본인 납북사실이 밝혀지면서 조선학교 학생에 대한 이지메 빈발

◆ 가정폭력 피해를 당한 외국인여성을 지원하기 위해 전국 17개 도시의 시민단체가 연대하여 이주여성을 위한 폭력, 가정폭력 전국 핫라인 개설

10월 ◇ '구조개혁 특구' 추진 프로그램에 의해 특구 내 외국인 연구자의 체류기간 현행 3년에서 최장 5년까지 연장하기로 결정

◇ 시즈오카현, 히가시이즈쵸(東伊豆町)의 편입에 관한 주민투표에서 외국인을 포함하여 18세 이상인 자의 투표권을 인정하는 조례안 제정. 다음해 2월 2일 투표 예정. 미에(三重)현 나바리(名張)시

에서도 동일한 조례안 가결

◇ 타이 국적의 여성(별거중이며 이혼하지 않은 상태)이 '일본인의 배우자 등' 의 체류자격에 대한 자격변경신청 불허가 취소소송 제기, 최고재판소에서 패소

◇ 니시니혼 센터에 수용된 에디오피아 남성이 충분한 치료를 받지 못해서 오른쪽 귀의 청력을 상실한 데 대해 국가배상을 청구한 소송에서, 오사카 지방재판소는 센터의 의료체제 문제를 지적. 단, 청구 자체는 기각

11월 ◇ 우정사업청(郵政事業廳), 2003년 봄부터 일반직 사무직에 외국국적자의 수험자격을 인정하기로 결정

◇ 혼인관계에 있지 않은 일본남성과 외국국적 여성 사이에서 태어나 출생 후에 인지된 어린이의 일본국적 인정여부에 대한 소송의 상고심 판결에서, 최고재판소는 "일본국적을 인정하지 않는 국적법의 규정은 합헌" 이라고 판결

◇ 중국잔류일본인과 결혼한 배우자의 혼인 전 자녀로 6년 전 정식절차를 거쳐 일본에 온 오사카부(府)의 중국인 2가족 9명이 "혈연관계가 아니다" 라는 이유로 체류자격 갱신 기각됨

12월 ◇ '사증광역네트워크' 운영 시작: 자격외취업을 목적으로 한 입국을 철저히 방지하기 위하여 세계 각지의 일본 재외공관이 비자신청과 심사결과를 온라인상에서

공유하는 새로운 시스템
◇ 재무성 관세국, 월드컵 관람을 위해 입국하는 외국인에 대한 대책으로 '얼굴인식 시스템'을 5월에 나리타공항과 칸사이공항에 설치한 사실이 밝혀짐

2003년

* 인신매매금지네트워크(JNATIP)
1월 ◇ 일본 경단련의 오쿠다 히로시(奥田碩) 회장 「활력과 매력이 넘치는 일본을 지향하며」 발표. 저출산고령화 사회에서 평균 2%의 실질성장률을 실현하기 위해 소비세 인상과 함께 외국인노동자 도입 제언
◇ 입국관리국이 형벌도구인 '가죽수갑'을 약 50개 보유하고 있었음이 법무성 자료를 통해 밝혀짐
◇ 임대주택을 구할 때 부동산중개업자가 피부색을 추궁해서 정신적인 고통을 당한 데 대해 사이타마현의 인도인 남성이 같은 현토다(戶田)시의 부동산중개업자와 현을 상대로 낸 손해배상청구소송에서 사이타마 지방재판소는 업체와 직원에게 50만 엔을 배상하라고 판결. 그러나 현에 대한 청구는 '이유 없음'으로 기각
◇ 우간다인 남성이 니시니혼 센터수용 중에 직원에게 성희롱과 폭행을 당한 데 대해 국가를 상대로 낸 손해배상청구소송에서, 오사카 지방재판소는 폭행사실을

인정하고 국가에게 20만 엔을 지불하라고 명령
◇ 난민신청 중이던 중국의 기공단체 '법륜공'의 성원 5명에 대해 도쿄 입국관리국은 체류자격을 '정주자'로 변경하는 것을 허가하는 방침 제시
2월 ◇ 도쿄 입국관리국, 신청사를 도쿄도 시나가와구(品川區) 코난(港南)의 이전 도쿄 세관이 있던 자리에 설립, 업무개시
◇ 시즈오카현, 토카이(東海) 지진 등의 대규모재해와 사고 발생에 대비하여 휴대전화의 현 전용사이트에 외국국적 주민을 위한 영어, 포르투갈어, 스페인어 페이지를 신설, 정보제공 시작
◇ 입국 후 60일 이내의 신청기간을 넘겼다는 이유로 난민인정을 받지 못한 에디오피아 남성이 법무대신의 처분취소를 요청한 소송의 공소심판결에서, 도쿄 고등재판소는 청구를 인정한 1심을 지지하여 국가 측 공소를 기각
◇ 법무성, '구조개혁특구' 내의 외국인 IT기술자의 체류기간을 현행 3년에서 5년으로 완화. 유학생의 체류자격을 야간 대학원에 다니는 경우까지 확대하기로 결정
3월 ◇ 과테말라, 이주노동자권리조약을 비준하여 비준국 20개국으로 증가
◇ 중국잔류일본인의 손자로 위장입국했다는 이유로 체류자격이 취소된 대학생의 체류 요청에 대

해, 오사카 입국관리국은 가족 4명 모두에게 체류특별허가 불허가를 통고하고 국외퇴거를 명령. 본인 이외의 3명은 1개월 이내에 귀국한다는 조건으로, 본인만 가석방 상태로 일본에 남아서 학업을 계속할 것을 인정

◇ 자유인권협회 외국인의 권리 소위원회「인종차별철폐법안 요강안(ver.1)」발표

◇ 97년 도쿄 입국관리국 내에서 가죽수갑이 채워진 채로 사망한 이란인 남성에 대해 변호인단은 당시 같은 수용장에 있던 다른 이란인으로부터 "직원에게 폭행을 당해 사망했다"는 목격증언을 받아냄. 직원 8명에게 불기소처분을 내린 도쿄 지방재판소의 결정에 대해 이의신청

◇ 미국, 이라크 공격 개시

◇ 초과체류 남성의 의료사고에 대한 배상청구소송에서, 도쿄지방재판소는 배상액이 출신국이 아니라 일본의 물가수준으로 산정되어야 한다고 판결

◇ 99년 6월, 난민불인정처분을 받은 아프가니스탄인 남성이 법무대신에게 불인정처분 취소를 요구한 소송에서, 오사카 지방재판소는 "당시 탈리반이 지배하고 있던 아프가니스탄으로 돌아간다면 박해를 받을 것이라는 두려움을 가질 만한 이유가 있으므로 난민조약의 적용을 받는 난민에 해당한다"라고 처분 취소

4월 ◇ 소득세법과 법인세법 성령 개정.

각종학교로 취급되던 외국인학교가 일반 사립학교와 같이 특정공익증진법인으로 인정되어 기부자의 세제상 우대조치가 가능해짐. 그러나 구미계의 인터내셔널 스쿨에 한정하여 조선학교 등 아시아계의 민족학교는 사실상 대상에서 제외

◇ 경시청, 전국에 조직범죄대책부 발족. 발족식에서 이시카와 시게야키(石川重明) 경시총감이 "수도 도쿄의 치안회복의 관건은 외국인과 폭력단에 의한 범죄 대책"이라고 훈시

◇ 난민불인정취소소송 판결 전에 획기적으로 난민인정을 받은 버어마인 남성이 위법적인 불인정처분으로 고통을 당한 데 대해 국가에 배상을 청구한 소송에서 도쿄 지방재판소, 950만 엔을 지급하라고 명령

5월 ◇ 난민신청자에게 임시체류자격을 부여하는 제도를 포함한 입관난민법 개정안에 대해 중의원 본회의에서 취지설명과 질의 진행. 민주당은 대안으로 난민인정 업무를 법무성에서 분리하여, 내각부(內閣府) 외국(外局)에 난민인정위원회(가칭)를 신설하여 담당하도록 하는 것 등을 기본 내용으로 한 난민인정법안 제출

◇ 2001년 11월 처음으로 도입된 법무성 입국관리국 시설의 이의신청제도를 통해 68건의 이의신청이 접수되었으나 모두 '근거 없음'으로 기각결정을 한 사실이

법무성 내부자료를 통해 밝혀짐

◆ 이주련 전국 워크숍, 코베 개최

6월 ◇ 한국국적의 여성이 남편이 아닌 일본인 남성과의 사이에서 낳았고, 출생 후 1년이 지난 뒤에 부친에게 인지된 어린이의 일본국적취득에 관한 소송에서, 최고재판소는 "인지가 늦어진 특별한 사정이 있었다"라고 하여 국적 인정

◇ 중국잔류일본인의 혈연관계가 아닌 자녀와 손자 9명에게 체류 특별허가 인정

◇ 형무소에서 인종차별과 폭행을 당한 데 대해 후츄(府中)형무소에 복역 중이던 이란인 남성이 국가를 상대로 낸 손해배상청구소송에서, 도쿄 지방재판소는 "저항하는 남성을 엎드리게 하고 불필요한 주사접종을 한 것은 위법"이라고 판단, 60만 엔 지급 명령. 처음으로 의료행위 자체를 위법으로 판단

7월 ◇ 이주노동자권리조약 발효

◇ 2003년 판 통상백서, 정부백서 중 처음으로 일본경제 활성화를 위해 전문적 기술을 보유한 외국인노동자를 적극적으로 도입하자고 제언

◇ 쿄토(京都)대학, 국립대학 중 처음으로 조선학교 등의 외국인학교 졸업생에게 수험자격 인정

◆ 이주련, 일본정부가 이주노동자권리조약을 비준해야 한다는 요청서를 외무성, 후생노동성에 제출

◇ 자민당 에토우 타카미(江藤隆美) 의원, 초과체류 외국인에 대해 "도둑들, 살인범들이 일본에 많이 들어오고 있다"라고 발언

◇ 니시니혼 센터가 성적소수자를 출입이 통제된 독실에 수용한 사실이 밝혀짐

◇ 후쿠오카 현립대학, 2004년 이후의 추천입시에서 조선고등학교 등 외국인학교 학생의 수험을 인정하기로 결정했으나, 후쿠오카 현청 학사과의 반대로 포기

◇ UNHCR로부터 난민인정을 받았으나, 일본에서 불인정된 아프가니스탄인 남성이 강제퇴거명령을 받고 나리타공항에서 자비로 출국

◇ 한국에서 '외국인고용허가제' 통과. 2004년 1월부터 초과체류 외국인의 합법화와 약 23만 명의 취업이 허가될 것으로 전망

8월 ◇ 총무성, 일본어가 능숙하지 않은 외국인 어린이들이 공립 소중학교에 입학할 때 인근의 일본어교육이 가능한 학교로 배치변경을 허가하지 않는 경우가 있으므로, 허가를 유연하게 할 것을 시정촌(市町村)의 교육위원회에 철저히 주지시키라고 문부성에 통지

◇ 문부과학성, 2004년부터 외국인학교 졸업생의 대입검정고시를 면제하고 졸업자격을 인정하지만, 조선학교 학생에 대해서는 각 대학이 독자적으로 판단하도록 하는 방침 결정. '새로운 차별'이라고 변호사그룹 등 연이

어 성명 발표

◇ 유엔여성차별철폐위원회, 여성차별철폐조약 일본정부보고서에 대한 최종 견해 발표

◇ 법무성, 외국인범죄대책의 일환으로 얼굴의 특징과 지문, 안구의 홍채 등으로 신원을 식별하는 생체정보인증(바이오메트릭스) 기술을 출입국 관리에 도입하여 불법입국을 감시한다는 방침 확정. 관련 비용 약 4,800만 엔을 2004년 예산요청에 추가

9월 ◇ 도쿄 외국어대학, 국립대학 중 처음으로 조선학교 졸업생에게 대학검정고시 없이 수험자격 인정

◇ 장기초과체류를 한 이란인 가족이 "강제송환되면 아이들이 모국에 적응할 수 없다"고 하여, 법무성에 강제송환취소를 요청한 소송에서, 도쿄 지방재판소는 "10년 이상 평온하게 살고 있던 가족을 강제송환하는 것은 재량권의 일탈 또는 남용"이라고 최초로 판결

10월 ◇ 카가와(香川)현 사카이데(坂出)시에서 일하던 필리핀인 실습생의 임금체불문제에 대해 타카마쯔(高松) 입국관리국은 "도입기업이 부적절"하다고 판단, 귀국지도 중이던 실습생 39명에게 연수실습을 계속할 수 있도록 '사업장변경' 허가

◇ 법무성, 도쿄 입관, 도쿄도, 경시청, '수도 도쿄의 불법체류외국인대책 강화에 관한 공동선언' 발표

◇ 강도살인혐의로 1심에서 무죄판결을 받은 네팔인의 구류문제에 대한 특별항고에서 최고재판소도 구류를 인정

◇ 인권옹호법안 상정(중의원 해산에 의해 폐안)

11월 ◇ 마쯔자와 나리후미(松澤成文) 카나가와현지사, 중국인 유학생, 취학생 "좀도둑" 발언

◆ 이주련, '불법체류외국인대책 강화에 관한 공동선언'에 대하여 "단속강화는 그들의 생활기반을 파괴하고, 편견을 확대하고, 인권침해를 야기한다"는 비판 성명 발표

◇ 해외 유학생, 1983년 정부가 설정한 목표 10만 명 초과

◇ 법무성, 초과체류한 가정폭력피해자에게는 통보의무를 우선하지 않아도 된다고 통지

◇ 경시청과 사이타마, 카나가와, 치바 각 현의 경찰본부가 도쿄 입국관리국과 합동으로 처음으로 일제단속을 벌여 초과체류 등의 혐의로 84명 적발

◇ 일본 경단련「외국인 도입 문제에 관한 중간정리」 발표

12월 ◇ 일본어학교 선발에 합격하여 다음 해 1월 입학예정이던 중국인 학생의 약 90% 이상의 체류자격이 불인정된 사실이 밝혀짐(유학생의 범죄가 중대한 사회문제가 되고 있고, 불법취업 적발 사례도 많다는 이유로 입국관리국이 심사를 엄격하게 했기 때문)

◇ 정부 범죄대책각료회의, '범죄

를 예방할 수 있는 강한 사회 실
현을 위한 행동계획' 결정, 약 25
만 명 정도의 초과체류자를 5년
내에 반으로 줄인다는 목표 설정
◇ 유흥업소에서 전단지를 나눠 주
고 강제퇴거명령을 받은 중국인
학생에 대하여 도쿄 고등재판소,
강제퇴거처분취소 청구소송의 1
심 결과가 나올 때까지 수용과
송환 중지를 인정한 도쿄 지방재
판소의 결정 지지, 입관 측의 항
소 기각

2004년

＊ 다문화 네트워크 중서부 多文化
ネット中西國 / 외국인 차별 감
시 네트워크 外國人差別ウォッ
チネットワーク

1월 ◇ 미국정부, 비자를 가지고 미국에
입국하는 외국인에 대한 지문채
취와 얼굴사진 촬영(US-VISIT 프
로그램) 개시
◇ 체류자격이 없다는 이유로 국민
건강보험에 가입하지 못함으로
써 고액의 의료비를 부담하게 된
데 대해, 대만인이 국가와 요코
하마시를 상대로 손해배상을 청
구한 소송에서, 최고재판소, "체
류자격이 없는 외국인을 일률적
으로 배제하는 것은 허용되지 않
는다"라고 최초로 판결, 가입을
인정하지 않았던 처분이 위법이
었음을 인정. 단, '체류 1년 이
상'을 조건으로 한 후생성 통지
에 따라 가입을 인정하지 않았으

므로 국가와 시 담당자의 과실은
없었다고 하여 배상청구는 인정
하지 않음으로써 패소 확정. 2월,
요코하마시는 가입신청 시까지
소급하여 가입인정, 과거의 의료
비를 지급한다는 방침 결정
◇ 회원제클럽에서 아르바이트를
한 이유로 강제퇴거처분을 받고
히가시혼 센터에 수용되어 있
던 중국인 유학생에게 도쿄 지방
재판소는 처분취소 청구소송의 1
심판결까지 수용중지 결정. 2003
년 9월, 도쿄 지방재판소가 수용
중지를 인정하여 석방되었지만,
11월 고등재판소가 지방재판소
의 결정을 파기하여 재수용됨
◇ 한국 주민투표법 공포. 한국에
계속해서 거주하는 20세 이상의
외국인에게 주민투표 청구권과
투표권 인정

2월 ◇ 오사카 입국관리국, 중국잔류일
본인의 손자로 일본에 온 후 체
류자격이 취소된 중국인 대학생
에게 체류특별허가(유학) 인정
◇ 법무성 입국관리국, 홈페이지에
불법체류자 등의 신고 사이트 개
설. 시민단체로부터 항의를 받고
일부수정
◇ 동성애자는 이란에서 사형당한
다는 이유로 이란인 남성이 강제
퇴거처분취소를 요청한 소송에
서 도쿄 지방재판소, "공공연히
동성 간 성행위를 하지 않는 한
형사기소될 위험은 상당히 낮고,
박해를 받을 우려가 있다고는 할
수 없다"라고 하여 본국송환을

적법한 것으로 판단, 청구 기각

◇ 아프가니스탄 국적의 하자라족 남성이 강제퇴거처분취소와 난민불인정처분 무효확인을 요청한 소송에서, 도쿄 지방재판소는 "귀국하면 언제 탈리반정권 시대와 같은 박해를 받을지 알 수 없다고 생각하는 것이 합당"한 것으로 인정, "난민불인정처분은 중대한 하자가 있는 위법"으로 판단

3월 ◇ 노자와(野澤) 법무대신, 강제퇴거절차를 밟고 있는 중으로 가석방 상태이던 버어마인 남성과 그 가족에게 인도적 차원에서 체류특별허가 인정. 남성의 처가 필리핀국적이기 때문에 부부 각각의 출신국으로 강제송환되면 가족이 분리된다는 이유

4월 ◇ 이라크에서 인질이 된 일본인 3명에 대한 비난 분출

◇ 2004년 봄 입시에서 조선학교 학생에게 수험자격을 인정한 4년제 국립대학 증가, 전체 83개 대학 중 82개 대학이 인정

◇ 불법입국으로 적발된 오사카시의 중국인 일가 4명이 오사카 입국관리국장 등을 상대로 낸 강제퇴거명령취소 청구소송에서, 오사카지방재판소는 여성의 모친이 일본국적을 가지고 있다는 점을 인정, "강제퇴거명령은 사회통념에 비추어 정당성을 잃은 위법"으로 동 명령을 취소

◇ 일본경단련 「외국인 도입 문제에 관한 제언」 발표

5월 ◇ 경시청, 입국관리국과 긴밀한 협조 하에 외국인 불법체류에 관한 조사를 전문적으로 수행하는 '불법체류 대책실' 발족

◇ 입관난민법 개정: 초과체류자에 대한 벌금 상한액을 대폭 인상하여 처벌강화 / 재입국거부기간 연장 / 출국명령제도 신설 / 난민인정제도 수정하여 '60일 규정' 폐지 / 난민조사참관인 제도 신설 / 난민인정을 받고 일정요건을 갖춘 난민에게 일괄적으로 체류 인정 / 일정 요건을 만족하는 난민신청자를 위한 임시체류 제도 신설(불법체류자 대책은 2004년 12월 시행, 난민인정제도는 2005년 5월 시행)

◇ 가정폭력방지법 개정: "피해자의 국적, 장애 유무를 불문하고 그 인권을 존중해야 한다"는 내용 포함(2004년12월 시행)

◇ 제5회 이주노동자와 연대하는 전국포럼, 후쿠야마(福山) 개최

6월 ◇ 후생성, 국민건강보험법 시행규칙 개정, 체류자격이 없는 외국인은 국민건강보험에 가입할 수 없다고 명문화

◇ 미국무성 2004년 판 「인신매매보고서」 발표. 이후 인신매매에 대한 정부대책이 1단계 더 하락하면 제재대상이 되는 '감시리스트'에 일본 포함

7월 ◇ 알카에다 성원으로 여겨지는 프랑스인 용의자의 일본잠입사건에 관련된 방글라데시 국적의 통신관련회사 사장과 회사가 입관

251

난민법 위반(불법취업조장)으로 약식기소되었지만, 동경지검은 "업무상 관계는 있었지만 알카에다와는 무관하다"고 결론. 이 남성은 43일간 구류되었다
◇ 종전(終戰) 전 조선인 부친과 일본인 모친의 혼외자로 태어나 종전 후 부친으로부터 인지를 받고 조선국적자가 된 오사카부의 남성이 국가를 상대로 일본국적 확인을 요구한 소송에서 최고재판소는 오사카 고등재판소의 국가 측 패소판결(2000년 1월)을 지지. 국가의 상고를 기각
8월 ◇ 난민인정소송을 제기한 터키의 소수민족 쿠르드인 십 수 명에 대해 법무성이 직원을 터키에 파견, 터키 치안당국과 협력하여 신원을 조사한 사실이 밝혀짐
◇ 후생성, 인신매매 피해여성이 여성상담소에 보호를 요청한 경우, 초과체류자라도 통보 없이 보호하도록 도도부현(都道府縣) 담당자에게 통지
◇ 외무성, NGO와 협력하여 난민신청자의 긴급피난용 쉼터사업 개시. 운영은 재단법인 난민사업본부에 위탁, 현장업무는 난민지원협회 등의 NGO가 담당
◇ 경찰청 「테러대책추진요강」 공표
9월 ◇ 난민인정을 요구하며 도쿄도 시부야(澁谷)구의 UNHCR 건물 앞에서 연좌농성을 하고 있던 쿠르드인들이 약 2만 명의 지지자 서명을 받아 법무성 입국관리국에

제출
◇ 중국출신으로 일본국적을 취득한 도쿄도의 남성이, 외국출신이라는 이유로 출입을 거부한 도내의 술집경영자들에 대해 부당한 차별로 정신적 고통을 당한 데 대해 배상을 청구한 소송에서, 도쿄 지방재판소는 55만 엔의 지급을 명함
◇ 최장 18년간, 일본에 초과체류하고 있던 방글라데시인 남성 8명이 "강제송환되더라도 자국에서 생활을 재건하는 것은 곤란, 익숙한 일본에 있고 싶다"고 체류특별허가를 요청, 도쿄 입국관리국에 집단출두
10월 ◇ 외무대신의 자문기관인 해외교류심의회, 재일외국인 문제에 관한 답신 발표. 직종을 제한하는 형태로 도입을 부분 허용할 것을 제언
◇ 일변련(日弁連, 일본변호사연합회), 미야자키(宮崎)에서 개최된 인권옹호대회에서 외국인의 인권을 보장하는 외국인인권기본법 제정을 요구하는 선언 채택
◆ 난민신청 중인 외국인 및 시민단체 약 600명이 법무성 앞에 모여 외국국적 주민의 인권존중 호소
◇ 나리타공항에서 입국을 거부당한 튀니지인 남성 2명이 경비원에게 폭행당하고 경비비용을 갈취당한 데 대해 국가와 경비회사를 상대로 낸 손해배상청구소송에서, 도쿄지방재판소는 경비회사와 경비원들에게 220만 엔을

지불하라고 판결
◇ 베트남 여성이 스마키(돗자리로 말기) 송환을 당함
◇ 외국인집주도시회의 토요타(豊田)선언 발표
◇ 23일, 니이가타(新潟)현 츄에츠(中越)에서 지진 발생

11월◇ 니이가타현 츄에츠 지진 피해를 입은 외국국적 주민을 위해 국제교류센터가 생활정보를 9개 국어로 번역해 대피소에 게시. 니이가타현도 외국인을 위한 상담창구를 설치하고 영어, 중국어, 따갈로그어 등 8개 국어가 가능한 국제교류상담원을 재난지역에 파견
◇ 일본과 필리핀 간 자유무역협정(FTA) 실질 합의. 일본의 국가자격취득을 조건으로 간호사, 간병복지사 도입 인정
◇ ILO 일본사무소와 ILO 본부, 일본 유흥업소의 외국인여성 인신매매 실태에 관한 특별보고서 작성

12월◇ 정부, 「인신매매대책 행동계획」 발표
◇ 정부의 국제조직범죄 등 국제테러대책추진본부, 「테러방지에 관한 행동계획」 공표
◇ 오오타시 교육위원회, 브라질의 교원면허를 가진 일계브라질인 6명을 바이링걸 교원(2개국어 병용교원)으로 채용
◇ 부모가 사망한 후 일본에 사는 조부모의 양자가 된 타이 소녀가 일본에서의 정주 요청, 법무성은

법무대신의 판단으로 1년간 일본에 사는 것을 인정
◇ 하마마쯔시의 페루인학교 '즐거운 세상(Mundo de Alegria)' 이 남미계 학교 가운데 처음으로 각종학교로 인가 받음

2005년

1월 ◇ 일본으로 입항하는 국제선 승객명부를 항공회사에서 송신받아 입국 전에 조회하는 사전여객정보시스템(APIS) 본격 개시
◇ 난민불인정 처분에 항의하여 도쿄도 내의 고쿠렌(國連) 대학건물 앞에서 연좌농성을 한 터키국적의 쿠르드인 2가족 중 아버지와 아들이 터키로 강제송환됨. UNHCR은 "(위임 난민의)송환은 국제법이 일본정부에게 부과한 의무를 위반한 것이다" 라는 권고 발표. 법무성 이에 대한 반박문 공표
◇ 도쿄 입국관리국, 2004년 9월 체류특별허가를 요청하며 자진출두한 방글라데시인 8명 전원 강제송환
◇ 도쿄 입국관리국에서 강제퇴거처분을 받은 타이인 여성이 "통역과 타이어에 의한 설명 없이 서류에 서명하도록 한 것은 위법" 이라며 낸 처분취소청구소송에서 도쿄 지방재판소 청구 인정
◇ 도쿄도의 관리직시험 수험을 거부당한 한국국적의 도직원 여성이 도를 상대로 배상을 청구한

국적조항소송에서 최고재판소
는 "수험거부는 법 앞의 평등을
정한 헌법에 위반되지 않는다"
고 판단. 도가 인사행정상의 폭
넓은 재량권을 가진다고 인정하
여 원심파기, 원고의 청구를 기
각(1997년 11월 고등재판소 원고
승소)

2월 ◇ 법무성령 일부 개정, '흥행' 의
체류자격에 '2년 이상의 전공이
나 경험' 을 조건으로 덧붙여 자
격부여 엄격화

3월 ◇ 영어회화학교 NOVA가 외국인
강사에게 법률이 의무로 부과하
고 있는 건강보험과 후생연금에
가입하지 않은 사실이 드러남

◇ 쿠마모토의 중국잔류일본인 남
성의 부인의 혼인 전 자녀와 그
가족 총 7명의 강제퇴거처분취
소 청구소송에서 후쿠오카 고등
재판소는 취소 결정을 내림. "가
족의 결합권을 보호하도록 정한
국제인권조약의 규정에 비추어
강제퇴거처분은 법무대신의 재
량권을 벗어난 것이다"라고 위
법성을 지적(2003년 3월 지방재
판소에서 원고 패소). 법무성은
상고하지 않기로 결정

◇ 인권옹호법안 중 인권옹호위원
의 국적조항을 둘러싼 논의 분출

◇ 난민인정 소송 중 생활비를 벌기
위해 일했다는 이유로 수용됨으
로써 생존권을 침해당한 데 대해
버어마인 남성이 국가를 상대로
300만 엔의 위자료를 청구하는
소송을 도쿄 지방재판소에 제기

◇ 법무성, 이후 5년간 외국인의 입
국, 체류관리 지침이 되는 「제3
차 출입국관리 기본계획」 확정

◇ 불법체류자에 대한 정보를 전자
메일로 접수받는 법무성 입국관
리국의 홈페이지에 대해 일변련
은 "외국인에 대한 편견과 차별
을 조장한다"고 하여 중지를 요
구하는 의견서를 발표

4월 ◇ 정부, 테러방지책의 일환으로 여
관업법 시행규칙 개정, 호텔이나
여관의 숙박자 명부에 외국인 여
행자의 여권번호와 국적 기재 의
무화

◇ 미국계 일본인이 오타루시의 민
간시설이 외국인이라는 이유로
출입을 거부한 데 대해 시와 업
자를 상대로 배상을 청구한 소송
에서 최고재판소, 상고 기각 결
정(2002년 11월 지방재판소,
2004년 9월 고등재판소에서도
업자에게는 배상을 명하지만, 오
타루시의 책임은 인정하지 않음)

◇ 모친이 필리핀인이고 출생 후 일
본인 부친에게 인지된 소학교 2
학년의 남자어린이가 "양친이
결혼하지 않았다는 이유로 국적
을 인정하지 않는 것은 부당"하
다고 하여 일본국적확인을 요구
한 소송에서, 도쿄지방재판소는
"국적법은 출생 후 부모가 결혼
한 자녀(준정자)와 법적으로 결
혼하지 않은 비적출자를 불합리
하게 구별함으로써 법 앞의 평등
을 정한 헌법에 위반된다"고 해
서 청구 인정. 법무성 공소(2006

년 2월 고등재판소 패소)

◇ 나고야(名古屋) 지방재판소가 난민으로 인정, 법무성의 공소로 나고야 고등재판소에서 심리가 진행중이던 버어마인 남성의 필리핀인 부인이 나고야 입국관리국에 수용됨

◇ 난민신청 중으로 일정 요건이 충족되는 비호희망자에게 임시체류를 인정하는 제도와 난민인정 이의신청 단계에서의 참관인제도 개시

6월 ◇ 외국어학교가 외국인강사 중 다수를 사회보험에 가입시키지 않고 보험료 납부의무를 수행하지 않고 있다는 혐의에 대해 사회보험청, 외국어학교 운영기업 약 750개 조사 개시

◇ 인신매매, 특히 여성과 어린이의 인신매매 방지와 금지 및 처벌에 관한 의정서 제162회 정기국회에서 승인

◇ 여권법 개정, IC 여권 도입 결정

◇ 입관난민법 개정: ①인신매매방지대책, ②해외 출입국관리당국에게 정보 제공, ③여권확인의무 등(①②는 2005년 7월 12일, ③은 2005년 12월 22일부터 시행)

◇ 전국난민변호단연락회의, 난민 불인정에 대한 이의 심사에서 신청자의 공술조서 등의 증거를 공개하도록 요구하는 제안서를 법무성에 제출하였으나 거부됨, 항의표시로 참관인에 대한 의견진술 보이콧

◇ 오사카부 키시와다(岸和田)시,

영주외국국적 주민 이외에 국내 거주기간 3년 이상의 외국국적 주민의 투표권을 인정하는 상시 주민투표조례 제정

◇ 한국 국회, 영주권 취득 후 3년 이상 거주한 19세 이상 외국인의 지방선거권을 인정하는 개정공직선거법 가결, 아시아에서 최초

◆ 이주련 전국 워크숍, 쿄토 개최

7월 ◇ 나고야 입국관리국, 강제퇴거명령을 받은 페루인 일가의 체류특별허가 인정. 일본에서 태어난 소학교 1학년의 장녀가 다운증후군으로 페루에서는 치료와 양육이 어려운 것으로 판단되었기 때문

◇ 유엔인권위원회의 인종차별문제에 관한 특별보고자인 세네갈 출신의 두두 디엔씨가 일본의 인권상황을 조사하기 위해 일본 공식 방문(2006년 1월 보고서 발표)

◇ 패전 후 중국 동북부에 남겨졌던 일본인고아가 신속한 귀국조치와 영주 후의 자립지원 의무를 태만히 한 데 대해 국가배상을 청구, 전국적인 집단소송의 첫 판결로, 오사카지방재판소는 청구를 전면 기각

◇ 일본인여성의 양자인 초과체류 여성의 강제퇴거처분취소 청구소송에서 요코하마 지방재판소는 양자관계에 대해 "실제로 친자와 같은 애정으로 정신적으로 깊이 맺어져 있다"는 주장을 인정, 강제퇴거처분 취소 결정

◇ 런던에서 동시 테러 발생(8월, 영국정부는 새로운 테러를 방지하기 위해 이슬람과격파 지도자인 외국인 10명을 구속, 인근 국가로 추방한다는 방침을 밝힘)

8월 ◇ 대만 관광객에 대한 사증면제조치를 항구화하는 입관난민법 특례법이 참의원 본회의 전원일치로 통과

10월◇ 중국잔류일본인 부인을 여읜 중국인 남성이 자녀들이 귀국한 일본에서 함께 살 수 있도록 해 달라고 체류자격 청구, 도쿄 입국관리국은 "고령의 남성이 의지할 사람은 자녀들밖에 없다"고 해서 체류자격 인정

◇ 제163회 특별국회에서 공모죄 신설법안 심의 돌입

◇ 효고(兵庫)현 변호사회가 2003년 변호사회 소속 재일한국인변호사를 코베(神戸)가정재판소 아마가사키(尼崎)지부의 조정위원으로 추천한 데 대해 최고재판소가 "추천을 취하하는 것이 바람직하다"고 회답한 사실이 밝혀짐

◇ 인신매매피해를 방지하기 위해 유흥업소경영자가 외국인을 고용할 때 취업자격 확인을 의무화하는 개정 풍속영업법이 참의원 본회의 통과(2006년 봄 시행)

◇ 공명당, 영주외국인 지방선거권 부여 법안 제출. 그러나 '조선' 국적으로 외국인등록을 한 자는 제외, 일본인에게는 지방선거권 취득과 동시에 부여되는 공무원 취임자격과 의회해산 및 의원, 의장의 해직청구권, 조례제정개정폐지청구권 등의 권한을 영주외국인에게는 부여하지 않는 것으로 하고 있음

12월◇ 초과체류자를 지원한 데 대해 불법취업조장죄로 메이지(明治)학원에서 해고된 아오야나기 유키노부(青柳行信)씨가 메이지학원에 대해 제기한 해고무효소송에서 최고재판소는 원고의 소송을 기각(2000년 12월 지방재판소 원고 승소, 2002년 12월 고등재판소 패소)

◆ 외국인인권법연락회 발족: 외국인인권기본법과 인종차별철폐법 제정을 요구하는 NGO, 변호사들 집결

(참고문헌)
法務省『出入國管理』/ 入管協會『國際人流』/ 宮島喬・梶田孝道編『外國人勞動者から市民へ』(有斐閣, 1996年)/ アジア人勞動者問題懇談會編『侵される人權　外國人勞動者』(第三書館, 1993年) 添付年表/ 駒井洋・渡戸一郎編『自治體の外國人政策』(明石書店, 1997年)/ 田中宏・江橋崇編『來日外國人人權白書』(明石書店, 1997年)/ 新聞各紙/ 『Migrants' ― ネット』/ 기타 자료